Joachim Faulde

Bildungspotenziale der Kinder- und Jugendarbeit

Grundlagentexte Soziale Berufe

Joachim Faulde

Bildungspotenziale der Kinder- und Jugendarbeit

Ein Leitfaden für Studium und Praxis sozialer Berufe

Der Autor

Joachim Faulde, Prof. Dr., ist Professor für Theorien und Konzepte Sozialer Arbeit an der Katholische Hochschule NRW, Abteilung Paderborn.

Dieses Buch ist erhältlich als:
ISBN 978-3-7799-7080-4 Print
ISBN 978-3-7799-7081-1 E-Book (PDF)

1. Auflage 2023

Herstellung: Ulrike Poppel
Satz: text plus form, Dresden
Druck und Bindung: Beltz Grafische Betriebe, Bad Langensalza
Beltz Grafische Betriebe ist ein klimaneutrales Unternehmen (ID 15985-2104-100)
Printed in Germany

Weitere Informationen zu unseren Autor:innen und Titeln finden Sie unter: www.beltz.de

Inhalt

1. Einleitung

Das Aufwachsen von Kindern und Jugendlichen in der Familie und im öffentlichen Leben ist in den vergangenen Jahrzehnten komplexer geworden. Das Tempo des gesellschaftlichen Wandels und die Bedingungen für das Aufwachsen junger Menschen beschleunigen sich zunehmend. Einerseits wird das Zusammenleben in der Familie mit immer neuen Herausforderungen für die Eltern konfrontiert: Vereinbarkeit beruflicher Tätigkeiten mit Betreuungs- und Erziehungsaufgaben der Kinder, Sicherung der materiellen Existenz der Familie, Bewältigung von Partnerschafts- und Familienkonflikten, Sorge und Pflege um ältere Familienangehörige, Befriedigung individueller Interessen und Bedürfnisse, Engagement für Gruppen, Vereine und Verbände, Einsatz für die eigne berufliche Weiterentwicklung usw.

Andererseits beschleunigt sich der gesellschaftliche Wandel, und die Veränderungen in den Lebenswelten junger Menschen erfolgen mit einer atemberaubenden Geschwindigkeit: weltweite Migrationsbewegungen, ökonomische Globalisierung, technische Digitalisierung des Alltages und ökologische Veränderungen des Klimas erzeugen tiefgreifende gesellschaftliche Verwerfungen, Spannungen und Konflikte. Die Auswirkungen dieser Entwicklungen sind in vielen Lebensbereichen unmittelbar erfahrbar, sodass im familiären Bereich wie auch im gesellschaftlichen Zusammenleben neue Herausforderungen entstehen und geeignete Lösungswege zu suchen sind.

Bildung gilt als Schlüssel für den Umgang mit den genannten Problemen; sie ist eine individuelle und gesellschaftliche Ressource. Bildung regt Menschen zu einem verantwortungsvollen Umgang mit den genannten Problemen an und befähigt sie zu deren produktiver Bearbeitung. Bildung ermöglicht die Teilhabe am gesellschaftlichen Leben und befähigt zur Mitwirkung bei der Suche nach Problemlösungen.

Die Verdichtung der familiären und gesellschaftlichen Probleme hat in den vergangenen Jahrzehnten dazu geführt, dass diese zunehmend an die Schule delegiert werden. Die Schule erhält neben den traditionellen Aufgaben der Kompetenzvermittlung in den einzelnen Fächern und die Vorbereitung auf die entsprechenden Abschlüsse immer neue, weitere Aufgaben zugewiesen, die im Elternhaus nicht in der erforderlichen Weise wahrgenommen werden, die aber von besonderer gesellschaftlicher Relevanz sind: Betreuung von Kindern berufstätiger Mütter und Väter, Prävention und Früherkennung von Missbrauch und sexueller Gewalt, Gesundheitsprävention, Demokratiebildung, Umwelterziehung, Vermittlung einer Medienkompetenz, Verkehrserziehung, Konsumerziehung, Inklusion und soziales Lernen – die Serie von schulischen Zusatzaufgaben lässt sich nahezu endlos fortsetzen.

Die Institution Schule hat aufgrund vieler neuer Herausforderungen ihre Organisationsstruktur erheblich verändert. Die Ganztagsschule ist zur Regelschule geworden, sodass Schülerinnen und Schüler häufig vom morgendlichen Schulbeginn um 8.00 Uhr bis zum Nachmittag um 15.00 oder 16.00 Uhr ihre Zeit in der Schule verbringen. Die Schulsozialarbeit ist inzwischen zum festen Bestandteil fast jeder Schule geworden. Da die Problemdichte und -häufigkeit im schulischen Alltag steigt, werden vielerorts Pläne zum weiteren personellen Ausbau der Schulsozialarbeit entwickelt. Lehrer und Schulsozialarbeiter sind diejenigen, die den Zuwachs an schulischen Aufgaben zu bewältigen und die gesellschaftliche Funktionsfähigkeit der Institution Schule sicherzustellen haben.

Beide Berufsgruppen, Lehrer und Schulsozialarbeiter, geraten nicht selten im pädagogischen Alltag an ihre persönlichen Grenzen, aber auch an die Grenzen der Institution Schule. Die Problemdichte, die Komplexität und die wechselseitigen Verschränkungen von pädagogischen Herausforderungen begrenzen die Handlungsmöglichkeiten, sodass eine Konzentration auf die unverzichtbaren schulischen Pflichtaufgaben notwendig wird. Für ergänzende Bildungsangebote außerhalb des Lehrplanes und jenseits des örtlichen Schulprogramms ist keine Zeit mehr vorhanden und die dazu erforderlichen personellen Ressourcen sind erschöpft.

Für die Schülerinnen und Schüler ist die Institution Schule – spätestens mit der Einführung der Ganztagsschule – zum zentralen Lebensmittelpunkt geworden, dessen Hauptaufgabe darin besteht, jungen Menschen Bildung zu vermitteln. Der Erwerb von Bildung erfolgt im Rahmen curricularer Vorgaben von Ministerien und unterliegt einer kategorisierten Leistungsbewertung, die über den Erfolg oder Misserfolg schulischer Bildung Auskunft geben soll. Die Alltagserfahrung dieses Typus schulischer Bildung zeigt, dass viele Schülerinnen und Schüler Schwierigkeiten mit dieser Form des Lernens haben. Sie führen vielfach zu erheblichen Problemen und weiten sich nicht selten zu Krisen aus, in deren fortgeschrittenen Verlauf Brüche und Einschnitte in der individuellen Schullaufbahn entstehen.

Schulische Bildung ist primär auf kognitives Lernen ausgerichtet, also auf die Aufnahme und individuelle Aneignung von Wissensbeständen in einzelnen Fächern. In der Tradition erziehungswissenschaftlichen Denkens hat Bildung aber eine wesentlich umfassendere Bedeutung für die gesamte Person: Bildung bezeichnet die Formung und Prägung der Persönlichkeit in allen Facetten, die durch eine Selbsttätigkeit im Sinne einer Selbstbildung entsteht. Ein erweitertes Bildungsverständnis umfasst also alle Bereiche menschlicher Existenz, die kognitive, emotionale, soziale, ästhetische, religiöse, ethische und praktische Aspekte einer Persönlichkeitsentwicklung beinhaltet.

Dieses Buch ist ein Plädoyer für ein umfassendes, ganzheitliches Bildungsverständnis, in dem außerschulische Bildungsangebote der Kinder- und Jugendarbeit als wichtige Ergänzung und weiterführende Vertiefung schulischer Bildung ausgewiesen werden. Wenn junge Menschen eine eigenständige Persönlichkeit aufbauen sollen, die sie befähigt, eigenverantwortlich mit den komplexen Herausforderungen der Gegenwart und Zukunft umzugehen, so sind Fähigkeiten und Fertigkeiten erforderlich, die die institutionellen und personellen Möglichkeiten schulischer Bildung übersteigen.

Die Kinder- und Jugendarbeit verfügt über langjährig erprobte, ständig aktualisierte Bildungskonzepte für eine sozialpädagogische Arbeit mit Kindern und Jugendlichen. Die bildungspolitischen Entscheidungen der vergangenen Jahrzehnte haben die Institution Schule zum alleinigen und absoluten Mittelpunkt des gesamten Bildungswesens werden lassen und die Kinder- und Jugendarbeit – insbesondere im offenen Bereich – ist vielfach zu einem ordnungspolitischen Instrument herabgestuft worden. Das sozialpädagogische Handlungsfeld der Kinder- und Jugendarbeit hat es seinerseits versäumt, die vielfältigen Bildungspotenziale in der pädagogischen Praxis und in den theoretischen Diskursen in überzeugender Weise dazustellen und entsprechend in den Vordergrund der öffentlichen Diskussion zu stellen. Der ursprünglich emanzipatorische Ansatz der Jugendarbeit ist vielfach – aus unterschiedlichen Gründen, die hier nicht weiterverfolgt werden können – in den Hintergrund getreten.

Dieser Leitfaden will in übersichtlicher und kompakter Weise die Vielfalt unterschiedlicher Bildungspotenziale der Kinder- und Jugendarbeit herausarbeiten. Ausgehend von einer Klärung des Begriffs „Kinder- und Jugendarbeit“ auf dem Hintergrund der aktuellen Fachdiskussion und einigen groben Skizzen zu historischen Entwicklungslinien dieses sozialpädagogischen Handlungsfeldes wird dessen Selbstverständnis ausführlich beschrieben, ebenso werden die Organisationsstrukturen einschließlich der rechtlichen Rahmenbedingungen der Kinder- und Jugendarbeit dargestellt und in den fachlichen Kontext der Kinder- und Jugendhilfe eingeordnet. Als durchgehende Perspektive werden dabei die Bildungspotenziale in den Vordergrund gestellt, also die spezifischen Beiträge der Kinder- und Jugendarbeit für eine umfassende, ganzheitliche Persönlichkeitsentwicklung junger Menschen stehen im Mittelpunkt des Leitfadens.

Dieser Ansatz erscheint umso dringlicher zu sein, da das Wissen vieler pädagogischer Fachkräfte über die Kinder- und Jugendarbeit gering und lückenhaft ist. In der universitären als auch in der schulischen Lehrerausbildung hat die Kinder- und Jugendhilfe nur eine marginale Bedeutung, und das Handlungsfeld der Kinder- und Jugendarbeit ist faktisch kein Gegenstand der Lehrerausbildung. Im Studium der Sozialen Arbeit nimmt das Handlungsfeld der Kinder- und Jugendarbeit häufig – angesichts der Vielfalt der Praxisfelder Sozialer Arbeit – nur eine Randstellung ein, sodass die Bearbeitung entsprechender Fragestellungen eher punktuell und wenig systematisch erfolgt. In der Fachschulausbildung zur Erzieherin bzw. zum Erzieher stehen Kindertageseinrichtungen und verschiedene Formen der Hilfen zur Erziehung im Vordergrund. Das Feld der Einrichtungen der Offenen Kinder- und Jugendarbeit nimmt auch in der Fachschulausbildung nur eine Randstellung ein.

Vor dem Hintergrund dieser angedeuteten Ausbildungssituation pädagogischer Fachkräfte erscheint die Relevanz eines Leitfadens für das Handlungsfeld Kinder- und Jugendarbeit dringlicher denn je. Im Rahmen der Ausbildung und des Studiums vermittelt der Leitfaden ein Orientierungswissen über die elementaren Grundlagen dieses Bereiches und für Einsteiger in das Berufsfeld bietet der Leitfaden einen ersten Überblick an. Darüber hinaus ermöglicht der Leitfaden für alle diejenigen, die mit Themen der Kinder- und Jugendarbeit in ihrem Arbeitsfeld konfrontiert werden, eine Grundorientierung über diesen Bereich, z. B. für Lehrerinnen und Lehrer aller Schulformen, für Verantwortliche in der Kommunal- und Landespolitik, für Engagierte in Vereinen und Verbänden, für Fachkräfte in der kommunalen Sozialplanung usw.

Das Wissen zur Theorie und Praxis der Kinder- und Jugendarbeit liegt in der Regel sehr verstreut und nur in fragmentarischer Form vor. In der wissenschaftlichen Forschung an Hochschulen und Universitäten werden speziell ausgewählte Detailfragen auf empirischer Basis erkundet und die erziehungswissenschaftliche Theoriediskussion wird häufig auf einer abstrakten Ebene geführt, deren Erkenntnisgewinn sich für die sozialpädagogische Praxis vielfach nur ansatzweise erschließt. Praxisberichte und Materialsammlungen bieten subjektiv geprägte und punktuelle Einblicke ohne fachliche Kontexte ausreichend zu berücksichtigen. Der vorliegende Leitfaden führt die verschiedenen Sichtweisen auf das Handlungsfeld Kinder- und Jugendarbeit zusammen und verbindet diese miteinander, um auf diesem Weg deren vielfältige Bildungspotenziale freizulegen. Darüber hinaus möchte der Leitfaden zu einer weiterführenden, vertiefenden Auseinandersetzung mit dem Feld der Kinder- und Jugendarbeit anregen.

2. Bildung als Grundlage für ein gelingendes Aufwachsen in einer pluralen Gesellschaft

Um die Bildungspotenziale der Kinder- und Jugendarbeit in den verschiedenen Dimensionen und deren Reichweiten zu erschließen, ist ein sozialisationstheoretischer Zugang hilfreich, um die Grundlinien für ein gelingendes Aufwachsen zu skizzieren. Im Mittelpunkt steht in diesem Zusammenhang der Aufbau einer Ich-Identität durch die Bewältigung der altersspezifischen Entwicklungsaufgaben. Die Bearbeitung der Entwicklungsaufgaben geschieht in Bildungsprozessen.

Das Aufwachsen von Kindern und Jugendlichen ist Gegenstand der Sozialisationsforschung. Sozialisationstheorien beschreiben den Vorgang der Persönlichkeitsentwicklung im Lebenslauf. Die Soziologie, Psychologie und die Neurobiologie haben eine Vielzahl unterschiedlicher, jeweils fachspezifischer Zugänge zum Sozialisationsprozess erarbeitet und die Erkenntnisse in je eigenen Theoriemodellen ausformuliert (vgl. Hurrelmann et al. 2015).

Im Folgenden wird das Modell der produktiven Realitätsverarbeitung von Hurrelmann und Bauer näher dargestellt. Dieses Modell verfolgt einen integrativen Ansatz, indem unterschiedliche disziplinäre Theorien zusammengeführt werden. Darüber hinaus weist dieses Modell eine außerordentlich hohe Anschlussfähigkeit zum erziehungswissenschaftlichen Grundbegriff „Bildung“ auf.

Das Modell der produktiven Realitätsverarbeitung geht von einer Wechselbeziehung von Anlage und Umwelt aus. Der Prozess der Persönlichkeitsentwicklung vollzieht sich durch eine Verknüpfung von genetischen Dispositionen mit sozialen Einflüssen.

2.1 Sozialisation als Wechselbeziehung zwischen innerer und äußerer Realität

Die individuellen körperlichen und psychischen Gegebenheiten bilden die Grundlage für die Persönlichkeitsentwicklung. Sie stellen in ihrer Gesamtheit die *innere* Realität dar, mit der ein Mensch geboren wird, und die im Verlauf des Lebens nur in engen Grenzen veränderbar ist. Die sozialen, ökonomischen, kulturellen, politischen und physischen Umweltbedingungen stellen die *äußere* Realität dar, die das subjektive Handeln von heranwachsenden Kindern und Jugendlichen prägen; die aber ebenso auch das Handeln von Vätern und Müttern sowie allen professionellen Pädagoginnen und Pädagogen beeinflussen.

Die biologischen und genetischen Merkmale legen die Entwicklungsmöglichkeiten für den gesamten Lebenslauf fest. Gene beeinflussen die Persönlichkeit und das Verhalten eines Menschen aber nicht direkt. Sie schaffen einen Möglichkeitsraum, aus dem einzelne Elemente aktiviert werden können. Wie stark der Einfluss der genetischen Anlagen (die innere Realität) und der Umwelt (die äußere Realität) auf die Persönlichkeitsentwicklung jeweils sind, lässt sich nicht genau sagen. Nach dem Stand der gegenwärtig vorliegenden interdisziplinären Forschungsergebnisse deutet vieles darauf hin, dass es sich um zwei etwa gleich große Einflussbereiche handelt (vgl. Hurrelmann/Bauer 2020, S. 98 f.).

> „Persönlichkeitsentwicklung wird verstanden als produktive Verarbeitung der inneren Realität von körperlichen und psychischen Dispositionen und der äußeren Realität als sozialer und physisch-räumlicher Umwelt. Der Prozess der Verarbeitung der inneren und äußeren Realität ist produktiv, weil es sich hierbei nicht um einen passiven Vorgang, sondern um eine dynamische und aktive Form von Tätigkeit handelt, auch wenn sie im Bewusstsein eines Menschen nicht immer präsent ist“ (Hurrelmann/Bauer 2020, S. 99).

Die aktive, individuelle und dauerhafte Auseinandersetzung mit den beiden Realitäten wird als „Verarbeitung“ bezeichnet. Dieser Begriff betont die permanente Eigenleistung des Menschen beim Aufbau seiner Persönlichkeit. Persönlichkeitsentwicklung findet – häufig unbewusst – statt, wenn Menschen Erfahrungen machen und diese individuell für sich bewerten, einordnen und in vorhandene persönliche Haltungen und Einstellungen integrieren. Die produktive Verarbeitung ist ein Vorgang der Interaktion zwischen Individuum und Umwelt.

Der Prozess der Verarbeitung wird stets durch subjektive Wahrnehmungen geleitet. Das individuelle Selbstbild vom eigenen Körper und den eigenen psychischen Kräften und Energien einerseits sowie die subjektive Interpretation sozialer Beziehungen, kultureller Gegebenheiten, gesellschaftlicher Verhältnisse und physischer Bedingungen andererseits steuern den Prozess der individuellen Verarbeitung.

Die produktive Verarbeitung von innerer und äußerer Realität lässt sich schematisch mit der folgenden Abbildung 1 darstellen (vgl. Hurrelmann/ Bauer 2020, S. 99):

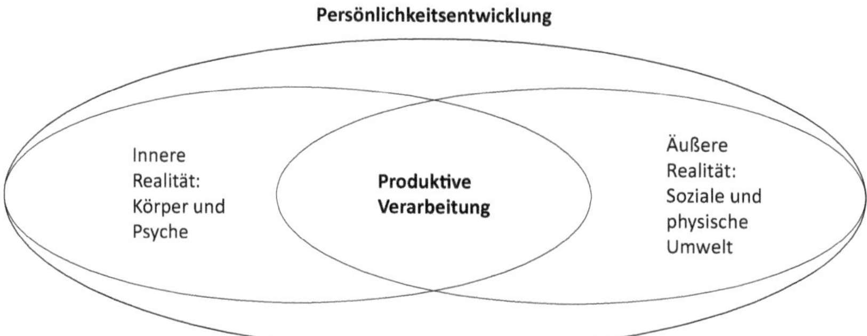

Abb. 1: Sozialisation als produktive Verarbeitung von innerer und äußerer Realität (Eigene Darstellung in Anlehnung an Hurrelmann/Bauer 2020)

Das Gehirn ist ein Teil der inneren Realität und hier laufen sämtliche Informationen über Sinneseindrücke zusammen und werden koordiniert. Informationen über körperliche, psychische, soziale und physische Lebensbedingungen werden im Gehirn aufgenommen, in vorhandene Strukturen und Archive eingeordnet, mit bereits abgespeicherten Informationen und Kenntnissen verglichen und anschließend in Handlungen umgesetzt. Dieser ständig sich wiederholende Vorgang bedeutet für das Gehirn: Es ist keine passive Sammelstelle von Sinneseindrücken und Informationen, sondern es stellt ununterbrochen Vergleiche und Einordnungen an. Es nimmt Kombinationen und Rückschlüsse vor und macht den Menschen auf diese Weise reaktions- und handlungsfähig. Die Bezeichnung „produktive Verarbeitung innerer und äußerer Realität“ bringt diesen Vorgang zur Sprache.

Das Wort „produktiv“ wird zur Beschreibung eines inneren Vorganges verwendet; es stellt keine normative Bewertung dar. „Realitätsverarbeitung beschreibt die Fähigkeit, sich durch eigene Aktivität die Realität anzueignen. Damit ist die Tätigkeit des Individuums gemeint, die äußere Realität vor dem Hintergrund der bereits erworbenen Erfahrungen wahrzunehmen, zu bewerten und innerpsychisch neu einzuordnen“ (Hurrelmann/Bauer 2020, S. 101). Im Ergebnis führt dies zur Fähigkeit der Reflexion des eigenen Entwicklungsprozesses und der eignen Persönlichkeit.

2.2 Sozialisation als Aufbau einer individuellen Persönlichkeit

Die Auseinandersetzung des Menschen mit sich und seiner Umwelt ist das Grundthema aller Sozialisationstheorien. Das Ergebnis dieses Vorgangs bestimmt die Individualität und die Einmaligkeit jeder Person, deshalb folgern Hurrelmann und Bauer:

„Menschen sind Produzenten ihrer eigenen Entwicklung, weil sie [...] [lebenslang – Anm. d. Verf.] eine Verarbeitung der inneren und äußeren Realität vornehmen, die ihren individuellen Merkmalen, Fähigkeiten und verfügbaren Ressourcen entspricht. Ihre Persönlichkeit formt sich dabei in der Interaktion zwischen verfügbaren und erworbenen individuellen Merkmalen sowie der materiellen, sozialen und symbolischen Ausstattung der Umwelt ständig weiter. Die sich entwickelnde Persönlichkeit ist in diesem Prozess nicht passiv oder abwartend, sondern als schöpferischer Konstrukteur aktiv an der Gestaltung ihrer Biographie beteiligt" (Hurrelmann/Bauer 2020, S. 102).

Die Eigentätigkeit in der Be- und Verarbeitung von innerer und äußerer Realität ist die Voraussetzung und der Weg zur Persönlichkeitsentwicklung; es ist die aktive Steuerung der eigenen Entwicklung durch das Individuum. Dieser Modus ist auch dann gegeben, wenn Kompromisse geschlossen werden und Einschränkungen in der persönlichen Entfaltung hingenommen werden. Der Modus der produktiven Realitätsverarbeitung bleibt solange erhalten, wie Handlungsalternativen vorhanden sind.

2.3 Sozialisation als Bewältigung von Entwicklungsaufgaben

Der Begriff „Sozialisation" umschreibt den Prozess des Aufwachsens junger Menschen mit einer doppelten Wirkrichtung: Individuation und Integration. Sozialisation dient einerseits dazu, individuelle Persönlichkeitsmerkmale, Haltungen, Einstellungen und individuelle Interessen herauszubilden und andererseits bereitet der Sozialisationsprozess das Individuum auf eine gesellschaftliche Teilhabe vor und befähigt es zur aktiven Mitgestaltung der Gesellschaft (vgl. Parsons 1981).

Wenn das Aufwachsen junger Menschen in dieser sozialisationstheoretischen Perspektive gelingen soll, so stehen Kinder und Jugendliche vor der Aufgabe, spezifische entwicklungsbedingte Herausforderungen entsprechend dem jeweiligen Lebensalter zu bewältigen (vgl. Böhnisch 2018). In der interdisziplinären Forschung hat sich der Begriff „Entwicklungsaufgaben" durchgesetzt, um die Zusammenhänge zwischen körperlichen, psychischen, sozialen und ökologischen Anforderungen und dem individuellen Verhalten darzustellen.

„Entwicklungsaufgaben beschreiben die für verschiedene Altersphasen typischen körperlichen, psychischen und sozialen Anforderungen und Erwartungen, die von der sozialen Umwelt an die Individuen der verschiedenen Altersgruppen herangetragen werden und/oder sich aus der körperlichen und psychischen Dynamik der persönlichen Entwicklung ergeben. Die Entwicklungsaufgaben müssen von den Individuen erkannt, verstanden, angenommen und in konkrete Verhaltensweisen umgesetzt werden. Das setzt in der Regel eine persönliche Identifizierung mit den Entwicklungsaufgaben voraus; sie müssen gewissermaßen als Orientierungsgrößen für das eigene Handeln definiert werden [...]" (Quenzel/Hurrelmann 2022, S. 23f.).

Die Entwicklungsaufgaben in den einzelnen Altersphasen bauen aufeinander auf und ein Entwicklungsfortschritt ist erst dann gegeben, wenn eine Aufgabe erfolgreich bewältigt worden ist (vgl. Erikson 1973; Havighurst 1972). Hurrelmann und Bauer identifizieren vier Gruppen von Entwicklungsaufgaben mit einem grundlegenden Strukturmuster, für die je altersspezifisch unterschiedliche Anforderungen bei der produktiven Verarbeitung von psychobiologischen Voraussetzungen und soziokulturellen Bedingungen, also von innerer und äußerer Realität, gegeben sind (vgl. Hurrelmann/Bauer 2020, S. 108f.; Bründel/Hurrelmann 2017, S. 25f.):

- *Qualifizieren* als Entwicklung von intellektuellen und sozialen Kompetenzen: Im Mittelpunkt stehen der Aufbau und die Entfaltung kognitiver Fähigkeiten und sozialer Umgangsformen, um Wissen zu erwerben und anzuwenden sowie eigenverantwortlich zu handeln.
- *Binden* als Entwicklung der Körper- und Geschlechtsidentität sowie der Bindungsfähigkeit: Im Vordergrund steht die aktive Begleitung der sich verändernden körperlichen und emotionalen Konstitution sowie deren Akzeptanz. Es geht um den Aufbau einer eigenen Identität, der emotionalen und sozialen Ablösung von den Eltern, den Aufbau von intimen Partnerbeziehungen, die später in eine Familiengründung einmünden können.
- *Konsumieren* als Entwicklung von sozialen Kontakten und Entlastungsstrategien: Hier geht es um die Fähigkeit, enge Freundschaften und

Gleichaltrigenkontakte zu knüpfen, einen eigenen Lebensstil zu entwickeln und aufzubauen sowie einen kontrollierten und bedürfnisorientierten Umgang mit Freizeit- und Konsumangeboten zu finden.
- *Partizipieren* als Aufbau eines individuellen Werte- und Normensystems: Im Mittelpunkt steht die Aufgabe eine ethische, moralische und politische Orientierung zu finden, um sich mit seiner Lebensführung aktiv an der Gestaltung des gemeinschaftlichen Zusammenlebens zu beteiligen.

Die Bewältigung der Entwicklungsaufgaben erfordert in jedem Lebensalter eine intensive Auseinandersetzung mit der eigenen Person und den von außen formulierten Erwartungen. Die körperlichen Veränderungen, die psychischen Befindlichkeiten, die gesellschaftlichen und ökologischen Anforderungen werden wahrgenommen, in Vergleiche mit anderen Gleichaltrigen gesetzt und mit den persönlichen Bedürfnissen und Handlungsplänen abgestimmt. So ist permanent eine Balance zwischen innerer Realität und äußeren Erwartungen möglichst in ausgeglichener Weise herzustellen, indem entsprechende Verknüpfungen und Verbindungen hergestellt werden.

2.4 Identität und Bildung

Die Suche nach persönlicher Einzigartigkeit und das Streben nach sozialer Gemeinschaftlichkeit münden in den Aufbau einer Ich-Identität ein. So formulieren Hurrelmann und Bauer:

„Gelingt die Bewältigung der Entwicklungsaufgaben und der damit verbundene Ausgleich der Spannung zwischen persönlicher Individuation und sozialer Integration kommt es zum Aufbau einer Ich-Identität. Werden die Entwicklungsaufgaben nicht bewältigt, ist der Aufbau der Ich-Identität gefährdet oder sogar unmöglich. Von der Ich-Identität eines Menschen ist zu sprechen, wenn über verschiedene Entwicklungs- und Lebensphasen hinweg eine Kontinuität des Selbsterlebens auf der Grundlage eines positiv gefärbten Selbstwertgefühls und des Empfindens einer Selbstwirksamkeit gegeben ist. […] Eine Ich-Identität ist die Voraussetzung für die autonome Handlungsfähigkeit, die psychische Gesundheit und die gelingende Lebensbewältigung eines Menschen. Wird die Ich-Identität nicht hergestellt, können in allen diesen Bereichen Störungen eintreten“ (Hurrelmann/Bauer 2020, S. 111).

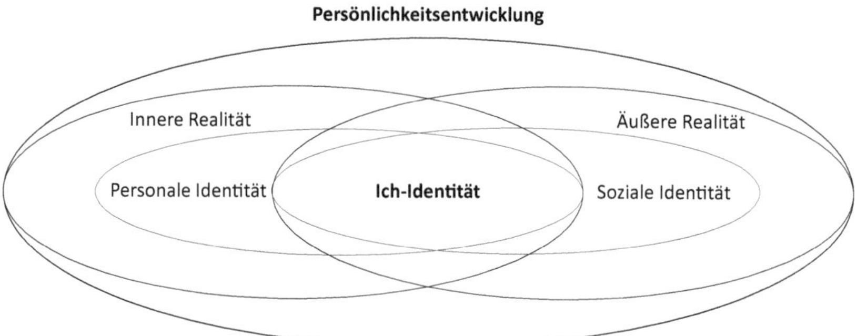

Abb. 2: Personale und soziale Identität als Komponenten der Ich-Identität (Eigene Darstellung in Anlehnung an Hurrelmann/Bauer 2020)

Der erfolgreiche Aufbau einer eigenen Ich-Identität ist abhängig vom Vorhandensein ausreichender personaler und sozialer Ressourcen. Wenn die Ressourcen umfangreich und vielfältig vorhanden sind, dann sind damit gute Voraussetzungen für eine gelingende Bewältigung der altersspezifischen Entwicklungsaufgaben gegeben. Wenn dagegen ein Mangel an Ressourcen entsteht, z. B. beim Eintritt eines kritischen Lebensereignisses durch einen Unfall, Todesfall, schwere Erkrankung, Arbeitslosigkeit, Trennung und Scheidung in der Familie, so wird es schwer, die altersspezifischen Entwicklungsaufgaben zufriedenstellend zu lösen, da die Bewältigung des kritischen Lebensereignisses die vorhandenen Ressourcen in der Familie vollständig absorbiert.

Die Anforderungen zur Bewältigung der jeweiligen Entwicklungsaufgaben und der erfolgreiche Aufbau einer Ich-Identität sind in der modernen Gesellschaft komplex geworden. Der Soziologe Beck beschreibt die Gegenwartsgesellschaft als eine „Risikogesellschaft" (Beck 2015). Das Individuum wird in der modernen Gesellschaft bei der Gestaltung seines Lebenslaufes von traditionellen Werten und Normen freigesetzt und verfügt über nahezu unzählige Wahlmöglichkeiten, seine Biografie selbst zusammenzustellen. Der Mensch ist zum „Planungsbüro für seinen eignen Lebensentwurf" (Beck 2015, S. 217) geworden: Schule, Studium, Ausbildung, Beruf, Partnerwahl, Familiengründung, Wahl des Wohnortes und Freizeitgestaltung usw. erfordern ständig neue individuelle Entscheidungen über die persönliche Lebensführung. Diese Wahlmöglichkeiten bieten einerseits große individuelle Freiheitsräume an, andererseits enthalten sie gleichzeitig aber auch viele Gefahren von Fehlentscheidungen und einem Scheitern. Normalbiografien werden dann schnell zu „Bastelbiographien" oder zu „Bruchbiographien" (Beck 2015, S. 217). Vorbilder und Modelle, an denen man sich orientieren kann, gibt es nicht. Die Verantwortung für die Gestaltung der eigenen Biografie und die Maßstäbe für die persönliche Lebenslaufnavigation liegen in der Hand eines jeden Einzelnen.

Vor dem Hintergrund der skizzierten Zusammenhänge von Persönlichkeitsentwicklung, Identitätsbildung und Bewältigung von Entwicklungsaufgaben durch eine produktive Verarbeitung von innerer und äußerer Realität stellt sich die Frage, wie das Aufwachsen junger Menschen in diesem komplexen Spannungsgefüge unter den Bedingungen einer modernen Gesellschaft gelingen kann. Mit anderen Worten, wie können Kinder und Jugendliche bei der produktiven Verarbeitung von innerer und äußerer Realität auf dem Weg zum Erwachsenenwerden zielgerichtet unterstützt und gefördert werden?

Die Antwort der Erziehungswissenschaft lautet Bildung. Bildung ist eine Grundkategorie pädagogischen Denkens und Handelns mit der Zielperspektive, den Aufbau einer eigenverantwortlichen und gemeinschaftsfähigen Persönlichkeit zu unterstützten und so die Entwicklung einer Ich-Identität zu fördern. Bildung ist in Deutschland zum Schlüsselbegriff für ein gelingendes Aufwachsen junger Menschen geworden und stellt einen Brennpunkt für die Bewältigung vieler großer gesellschaftlicher Herausforderungen dar (vgl. Autorengruppe Bildungsberichterstattung 2020).

Literaturhinweise zur Vertiefung

Bründel, Gudrun; Hurrelmann, Klaus (2017): Kindheit heute. Lebenswelten der jungen Generation. Weinheim und Basel: Beltz Juventa.

Erikson, Eric (1973): Identität und Lebenszyklus. Frankfurt am Main: Suhrkamp.

Hurrelmann, Klaus; Bauer, Ullrich (2020): Einführung in die Sozialisationstheorie. Das Modell der produktiven Realitätsverarbeitung. 13. Aufl. Weinheim und Basel: Beltz Juventa.

Hurrelmann, Klaus et al. (Hrsg.) (2015): Handbuch Sozialisationsforschung. 8., vollständig überarbeitete Aufl. Weinheim und Basel: Beltz Juventa.

Parsons, Talcott (1981): Sozialstruktur und Persönlichkeit. 4. unveränderte Aufl. Frankfurt am Main: Fachbuchhandlung für Psychologie.

Quenzel, Gudrun; Hurrelmann, Klaus (2022): Lebensphase Jugend. Eine Einführung in die sozialwissenschaftliche Jugendforschung. 14. überarbeitete Aufl. Weinheim und Basel: Beltz Juventa.

3. Bildung ist mehr als Schule und Unterricht

Bildung ist in der öffentlichen Diskussion zur „Zauberformel" geworden, wenn es um Lösungen für die großen gesellschaftlichen Herausforderungen der Gegenwart geht, z. B. den Klimawandel, die Auseinandersetzung mit Rechtsextremismus, die Auswirkungen von weltweiten Migrationsbewegungen usw. In diesem Zusammenhang stehen Bildungsbemühungen im Vordergrund, die Schulen durch den Unterricht erfüllen sollen.

Auf dem Hintergrund der gegenwärtig inflationären Verwendung des Begriffs „Bildung" wird im Folgenden eine kurze skizzenhafte historisch-systematische Rekonstruktion des zentralen Bedeutungsgehaltes von Bildung vorgenommen, um inhaltliche Verkürzungen und schulische Verengungen aufzudecken. Mit einer historisch-systematischen Vergewisserung des pädagogischen Grundbegriffs „Bildung" können die umfangreichen Potenziale von Bildungsprozessen für ein gelingendes Aufwachsen von Kindern und Jugendlichen freigelegt werden. Darüber hinaus kann die Unterscheidung der pädagogischen Grundbegriffe „Erziehung", „Lernen" und „Bildung" dazu beitragen, den inneren Kern von Bildung freizulegen, diesen von anderen pädagogischen Prozessen abzugrenzen und so die Konturen eines umfassenden und zukunftsfähigen Verständnisses von Bildung herauszuarbeiten (vgl. Kron et al. 2013, S. 44 f.).

Der Begriff *„Lernen"* richtet den Blick – nach Erkenntnissen der Lernpsychologie – primär auf den Aufbau und die Erweiterung von Verhaltens- und Wissensmustern. D. h., Lernen bezeichnet den Vorgang des Erwerbs von Kenntnissen und Wissen sowie deren Umsetzung in entsprechende Verhaltensweisen.

Der Begriff *„Erziehung"* geht von einem Generationenverhältnis aus, dem bestimmte pädagogische Rollen zugrunde liegen, wie z. B. die Rollen Eltern und Kind, Lehrer*in und Schüler*in; Erzieher*in und Kind. Die Beziehung zwischen den Rollenträgern wird von einem spezifischen Kommunikations- und Interaktionsverhältnis getragen und ist eingebunden in ein doppeltes Zielspektrum, das einerseits von subjektiven und andererseits von gesellschaftlichen Wert- und Normenvorstellungen geprägt wird.

Der Begriff *„Bildung"* nimmt die Subjektperspektive ein; der einzelne Mensch steht im Mittelpunkt des Bildungsprozesses. Es ist das Individuum, das sich selbst bildet und von außen durch seine Umgebung geprägt wird.

Darüber hinaus richtet sich der Begriff „Bildung" auf die Gestaltung der Welt durch den Menschen, wenn er sich bildet. Im Brennpunkt des Bildungsprozesses steht die Wechselbeziehung zwischen Mensch und seiner (Lebens-) Welt.

Im Blick auf internationale wissenschaftliche Kontexte ist bemerkenswert, dass mit dem Begriff „Bildung" ein deutscher Sonderweg beschritten wird. Eine adäquate Übersetzung des bezeichneten Sachverhaltes in die englische Sprache ist nicht vorhanden. Angesichts der philosophischen Traditionen der Aufklärung (Kant, Hegel, von Humboldt) und der Entstehung der bürgerlichen Gesellschaft im 19. Jahrhundert wird mit dem Begriff „Bildung" eine Verbindung zwischen den Polen Gesellschaft, Kultur und Individuum geschaffen. Das Verhältnis von Mensch und Kultur wird als ein „typisch deutsches Deutungsmuster" bezeichnet, um die Subjektivität des Individuums in den Vordergrund zu stellen (vgl. Andresen 2009).

Da der Begriff „Bildung" zum traditionellen Kernbestand der Erziehungswissenschaft gehört, überrascht die nahezu endlose Fülle an unterschiedlichen Forschungsergebnissen sowie Ansätzen zur Theoriebildung nicht. Kron et al. (2013) strukturieren die umfangreiche wissenschaftliche Diskurslandschaft zum Bildungsbegriff nach zwei unterschiedlichen Wissenschaftstraditionen: Die geisteswissenschaftliche und die sozialwissenschaftliche Denktradition. Beide Traditionen folgen unterschiedlichen wissenschaftstheoretischen Ausrichtungen und beschreiben den Gegenstand Bildung auf je unterschiedliche Weise. Beide Grundauffassungen von Bildung sind Gegenstand pädagogischer Theoriebildung. Im Hinblick auf eine möglichst differenzierte Erfassung und Beschreibung pädagogischer Wirklichkeiten – auch in der Kinder- und Jugendarbeit – sind beide Ansätze nicht als Konkurrenz, sondern sinnvolle Ergänzung zueinander zu verstehen.

3.1 Bildung in der Perspektive der geisteswissenschaftlichen Tradition

Auf dem Hintergrund der Aufklärung und des Neuhumanismus wird Wilhelm von Humboldt im 19. Jahrhundert zum Meilenstein für die geisteswissenschaftliche Bildungstheorie. Im Zentrum seiner Bildungstheorie steht nicht die Gesellschaft, sondern das Individuum. Der Mensch hat von Natur aus das Bestreben, die ihm innewohnenden Kräfte (Denken, Fühlen und Wollen) zu betätigen und zu vervollkommnen.

„Der wahre Zweck des Menschen [...] – ist die höchste und proportionierlichste Bildung seiner Kräfte zu einem Ganzen" (von Humboldt 1792/1980, S. 64).

Humboldts Bestimmung des Menschen beschreibt ein Verständnis von Bildung in einem Spannungsgefüge von Subjekt und Welt, dessen Grundelemente bis in die Gegenwart hinein von weitreichender Bedeutung sind:

- Bildung hat sich nicht von religiösen, politischen und ökonomischen Anforderungen leiten zu lassen und sich nicht an äußeren Erwartungen zu orientieren.
- Bildung ist allein auf die individuelle Veranlagung des Menschen ausgerichtet, die sie zur Entfaltung bringt.
- Bildung hat eine Ausgewogenheit aller menschlichen Kräfte anzustreben, d.h., sie hat die geistigen, sinnlichen und moralischen Dimensionen des Menschseins anzusprechen und auszuprägen.
- Die Förderung aller menschlichen Anlagen erfordert umfassende und vielfältige Bildungsinhalte, mit deren Hilfe möglichst unterschiedliche Begabungen und persönliche Interessen angeregt und entwickelt werden.
- Bildung ist ein Prozess der Selbstbildung, da die Entfaltung der inneren Kräfte durch die Wechselbeziehung zwischen Ich und Welt erfolgt. Diese Wechselbeziehung formt und bildet einerseits den Menschen und andererseits wird die Welt durch Menschen geprägt und gestaltet.

Im Mittelpunkt dieser Denktradition steht ein Verständnis von Bildung als ein erstrebenswertes Ideal menschlicher Selbstverwirklichung. Es ist ein lebenslanger Prozess der Aneignung von Wissen und Fertigkeiten, indem das Verhältnis zur Welt (nach außen) und zu sich selbst (nach innen) verändert und erweitert wird.

Die Auflösung des Spannungsgefüges von Mensch und Welt ist eine idealistische Vorstellung, die die historisch-gesellschaftlichen Bedingungen des Bildungsprozesses nicht berücksichtigt: „Das Dilemma besteht darin, dass Bildung einerseits als Idee gedacht werden kann oder muss, und dass Bildung andererseits in Institutionen unter real gegebenen gesellschaftlichen Bedingungen verwirklicht werden muss bzw. wird. Auf beiden Seiten hat Bildung eine unterschiedliche Qualität, wie die Geschichte der Bildung [...], die als Idealgeschichte begriffen wird, zeigt" (Kron et al. 2013, S. 67).

Das von Humboldt formulierte Verständnis von Bildung hat im Verlauf der neueren Geschichte der Erziehungswissenschaften unzählige Kritiken,

Kontroversen und Neuinterpretationen hervorgerufen. Mit Blick auf die Bildungspotenziale der Kinder- und Jugendarbeit ist die Neubestimmung des Bildungsbegriffes von Wolfgang Klafki zum Ende des 20. Jahrhunderts besonders hervorzuheben:

> „Allgemeinbildung bedeutet in dieser Hinsicht, ein geschichtlich vermitteltes Bewusstsein von zentralen Problemen der Gegenwart und – soweit voraussehbar – der Zukunft zu gewinnen; Einsicht in die Mitverantwortlichkeit aller angesichts solcher Probleme und die Bereitschaft, an ihrer Bewältigung mitzuwirken. Abkürzend kann man von der Konzentration auf epochaltypische Schlüsselprobleme unserer Gegenwart und vermutlichen Zukunft sprechen" (Klafki 2007, S. 56).

Bildung im Verständnis von Klafki überschreitet weiträumig die Institution Schule und deren Fächerkanon. Vielmehr fokussiert sich Bildung auf die „Schlüsselprobleme der Gegenwart und Zukunft" und als solche benennt Klafki beispielhaft u.a. ökologische Probleme, Frieden und Gerechtigkeit im Verhältnis von Ländern und Kontinenten zueinander, den Umgang mit Menschen mit Migrationserfahrungen, den Abbau gesellschaftlicher Ungleichheiten, das Verhältnis der Geschlechter zueinander usw. Bildung soll zu einer Auseinandersetzung mit gesellschaftlichen Schlüsselproblemen anregen, ermutigen und die individuelle Bereitschaft zur Mitarbeit an Lösungen fördern (vgl. Klafki 2007).

Trotz vieler Kritiken am Bildungsverständnis der geisteswissenschaftlichen Denktradition gilt es – auch für das Handlungsfeld der Kinder- und Jugendarbeit – festzuhalten, im Vordergrund steht die Grundannahme der Einzigartigkeit des Individuums sowie die Unbestimmtheit und Ungewissheit alltäglicher Situationen, die als Bildungschance gedeutet werden. Ebenso wird die Fremdheit in kulturellen Zusammenhängen und die Erfahrung des Fremdsein als Bildungschance verstanden, um den eigenen Horizont zu erweitern.

Der Bedeutung der geisteswissenschaftlichen Bildungsphilosophie für die Gegenwart besteht u.a. darin, dass sie Impulse zur Antizipation gelungener Bildung zu setzen vermag; d.h., sie kann zu einer gedanklichen und ideenhaften Vorwegnahme einer gelungenen Bildung oder einer besseren Welt inspirieren (vgl. Kron et al. 2013, S. 72). Die umfangreiche Traditionsgeschichte der Bildungsidee wird damit zu einer regulativen Denkfigur, die pädagogischem Handeln – auch in der Kinder- und Jugendarbeit – eine tragfähige Zielperspektive verleiht.

3.2 Bildung in der Perspektive der Sozialwissenschaften

In der sozialwissenschaftlichen Bildungsforschung steht das Bildungs- und Ausbildungswesen im Mittelpunkt. Das Bildungssystem wird in seiner funktionalen Abhängigkeit zu politischen und ökonomischen Systemen untersucht, um wechselseitige Beziehungen aufzudecken. Das bedeutet, die sozialwissenschaftliche Bildungsforschung konzentriert sich auf Mechanismen und Strategien, mittels derer Individuen ihre soziale Position in einer Gesellschaft behaupten oder verbessern können. Ein besonderer Fokus richtet sich in diesem Kontext auf die Frage nach dem Stellenwert von Bildung im Prozess der sozialen Reproduktion, d. h. konkret, welchen Einfluss hat Bildung auf die Weitergabe sozialer Ungleichheiten und Benachteiligungen an die nächsten Generationen.

Als Kurzfassung einer sozialwissenschaftlichen Bildungsdefinition formuliert Kron:

> „Unter Bildung werden unterschiedliche gesellschaftlich anerkannte Qualifikationen verstanden, die die Mitglieder einer Gesellschaft in verschiedenen Institutionen erwerben und durch die ihre Stellung in der Gesellschaft bestimmt wird“ (Kron et al. 2013, S. 66).

Die sozialwissenschaftliche Sicht auf Bildung ist eine empirische Beschreibung von Fakten, Zusammenhängen und Wirkungen auf das Individuum einerseits sowie auf verschiedene gesellschaftliche Systeme andererseits. Anfangs war sie geprägt von der Erfassung von Schulabschlüssen und der Dauer des Schulbesuches in Verbindung mit den Kategorien „Geschlecht“ und „Bildungsabschluss der Eltern“. Die neuere empirische Bildungsforschung konzentriert sich primär auf die standardisierte Messung von kognitiven Kompetenzen in verschiedenen Kompetenzstufen (vgl. Allmendinger et al. 2018, S. 47). Die Messung erfolgt häufig in verschiedenen Jahrgangsstufen und in unterschiedlichen Fachgebieten, z. B. Mathematik, Naturwissenschaften und Sprachen. Es sind vielfach internationale Studien, die einen Einblick in die Qualität des deutschen Bildungswesens vor dem Hintergrund eines internationalen Vergleichs mit anderen Ländern geben wollen. Die in regelmäßigen Abständen wiederholten PISA-Studien sowie die Iglu- und die TIMSS-Studien sind typische Beispiele für große, umfangreiche Bildungsstudien (vgl. Zedler 2018).

Die Hauptgegenstandsbereiche empirischer Bildungsforschung sind gegenwärtig die folgenden Fragestellungen (vgl. Gräsel 2015):

- Zusammenhang von Bildungserfolg und sozialer Herkunft
- Unterrichtsqualität
- professionelle Kompetenzen von Lehrpersonen
- Kompetenzerwerb im Kontext von Längsschnittstudien

Die Gegenstände der empirischen Bildungsforschung zeigen, dass hier der Fokus auf die Bestimmung schulischer Bildungsqualität gelegt wird. Außerschulische Bildungsinstitutionen und nicht formalisierte Bildungsprozesse finden im Feld sozialwissenschaftlicher Bildungsforschung nur eine nachrangige Beachtung. Der Bildungsbericht 2020 dokumentiert anschaulich den empirischen Blick auf die formalisierte Bildung der Institution Schule und die Randposition außerschulischer Lernorte im Rahmen der Bildungsforschung (vgl. Arbeitsgruppe Bildungsberichterstattung 2020; dazu auch Lüders/Riedle 2018).

3.3 Sozialpädagogische Bildung

Kinder und Jugendliche sind die Adressaten schulischer und sozialpädagogischer Bildung. Beide Zugänge zu Bildung sind tief in unterschiedliche gesellschaftliche Systeme eingebunden, die verschiedenen Logiken, Paradigmen und Funktionen folgen. Die Institution Schule hat die gesellschaftliche Aufgabe, Qualifikationen durch den Erwerb von Kenntnissen, Wissen und Fähigkeiten zu vermitteln, eine Auslese im Hinblick auf spätere Positionen auf dem Arbeitsmarkt und in der Gesellschaft vorzunehmen und sich um eine Integration junger Menschen in die Gesellschaft zu kümmern. Diese drei gesellschaftlichen Aufgaben der Schule (Qualifikation, Selektion und Integration) bestimmen den Charakter schulischer Bildungsprozesse in prägender Weise (vgl. Coelen et al. 2018).

Sozialpädagogische Bildung ist eng verbunden mit der Kinder- und Jugendhilfe. § 1 SGB VIII als Leitidee der Kinder- und Jugendhilfe hebt das Recht aller jungen Menschen auf Förderung ihrer individuellen und sozialen Entwicklung hervor und betont die Vermeidung bzw. den Abbau von Benachteiligungen als eine grundlegende Aufgabe der Kinder- und Jugendhilfe. Darüber hinaus hat in der Tradition der Sozialpädagogik (z. B. Pestalozzi, Natorp) das Verhältnis von Individuum und Gesellschaft immer wieder eine besondere Aufmerksamkeit erfahren, insbesondere dann, wenn die Balance zwischen den beiden Polen drohte verloren zu gehen.

Sozialpädagogische Bildung orientiert sich an der Lebenswelt von Kindern und Jugendlichen und ihren komplexen Verflechtungen mit gesellschaftlichen Erwartungen und Anforderungen sowie deren subjektiven Bewältigungsstrategien. Bildung in sozialpädagogischer Perspektive „[...] gilt in erster Linie als ein von Bildungssubjekten ausgehender Prozess der Persönlichkeitsbildung, der in alltäglichen Situationen und Lebenszusammenhängen stattfindet und der sich neben, in und auch trotz der Verpflichtung der Heranwachsenden auf Bildungsinstitutionen und formalisierte Bildungsgänge vollzieht“ (Sting 2016, S. 437).

Sozialpädagogische Bildung ist subjektorientiert, d.h., Ausgangs- und Endpunkt eines Bildungsprozesses ist das Subjekt, der individuelle Mensch. Gegenstand sozialpädagogischer Bildung ist die jeweils konkrete Lebenswelt der Adressaten und deren Alltagszusammenhänge; d.h., der Inhalt sozialpädagogischer Bildung ist eng mit der individuellen Biografie und deren Einbindung in gesellschaftliche Kontexte verbunden. Sozialpädagogische Bildung erfolgt jenseits formaler Bildung; d.h., sie ist nicht an ministerielle Lehrpläne und schulische Abschlüsse gekoppelt, sondern sie ereignet sich im Modus non-formaler und informeller Bildung.

Mit dem Blick auf die Bildungspotenziale der Kinder- und Jugendarbeit lassen sich drei Grunddimensionen sozialpädagogischer Bildung bestimmen:

Selbstbildung: Sozialpädagogische Bildungsprozesse werden nicht verordnet und können nicht erzwungen werden; sie müssen von innen ausgehen. Ein innerer Antrieb muss zur Beschäftigung mit sich selbst führen, zur Auseinandersetzung mit Anforderungen und Erwartungen, die von außen an das Individuum gerichtet werden. Insofern werden alltägliche Lebenssituationen zu Bildungsanlässen, indem sich Kinder und Jugendliche mit sich selbst, mit anderen Menschen und ihrer Umgebung in ein Verhältnis setzen. Selbstbildung ist ein Prozess, um die individuelle und soziale Lebenswelt zu verstehen, sich in diesen Zusammenhängen zu orientieren und eine eigene Handlungsfähigkeit zu erwerben bzw. diese zu erhalten.

In der sozialpädagogischen Fachdiskussion wird diese Perspektive häufig mit dem Begriff „Alltagsbildung“ bezeichnet. Gute, gelingende Alltagsbildung in der Familie und in Peer-Gruppen ist eine elementare, unverzichtbare Voraussetzung für einen erfolgreichen formalen Bildungsabschluss in der Schule. Die Förderung der Alltagsbildung wird umso bedeutsamer, wenn es gilt Bildungsungleichheiten und -benachteiligungen zu vermeiden bzw. abzubauen.

Die Alltagsbildung steht im Mittelpunkt vieler Angebote, Programme und

Projekte der Kinder- und Jugendarbeit, wenn diese – auf freiwilliger Basis – zu einer Auseinandersetzung mit subjektiven und sozialen Lebenswelten anregen (vgl. Rauschenbach 2009, S. 183 f.).

Bildung als Lebensbewältigung: Kinder und Jugendliche haben viele altersbedingte Entwicklungsaufgaben zu lösen und zahlreiche Übergänge zu bewältigen. Die Bewältigung dieser Herausforderungen kann nicht auf einen biologischen Wachstumsprozess reduziert werden, sondern sie ist sehr eng mit kulturellen und gesellschaftlichen Rahmenbedingungen verknüpft, und sie ist in ein außerordentlich komplexes Gefüge von entsprechenden Wechselbeziehungen eingebunden. Der gegenwärtig rasante gesellschaftliche Wandel im Rahmen der Individualisierung und Pluralisierung von Lebenswelten, die Globalisierung und Digitalisierung einschließlich weltweiter Migrationsbewegungen erhöht die Anforderungen an ein gelingendes Aufwachsen junger Menschen. Die Bewältigung dieser vielfältigen Herausforderungen und Bildungsprozesse gehen ineinander über, wenn es um die subjektive Aneignung von äußeren Anforderungen geht. „Menschen lernen nicht – [...] – weil sie dazu angehalten werden, sondern wenn sie spüren können, dass sie ihre Aneignungs- und Handlungsspielräume erweitern können" (Böhnisch 2018, S. 34). In diesem Sinne wird Bildung zu einer subjektiven Strategie der Lebensbewältigung. Sie trägt wesentlich zum Aufbau von Lebenskompetenzen bei, die junge Menschen zu einer eigenverantwortlichen und gemeinschaftlichen Lebensführung befähigen (vgl. Münchmeier et al. 2002).

Bildung in unterschiedlichen Modalitäten: Bildungsprozesse ereignen sich in verschiedenen Formen und Weisen, die sich je nach Bildungsort und Bildungsinhalt voneinander unterscheiden. In Anlehnung an internationale Debatten um die Einbindung der Erwachsenenbildung in das Bildungswesen hat sich die folgende Differenzierung unterschiedlicher Bildungstypen durchgesetzt. Diese hat auch für das Selbstverständnis der Sozialpädagogik, insbesondere in der Zusammenarbeit mit der Institution Schule, eine grundlegende Bedeutung gewonnen (vgl. Thiersch 2018):

- *Formale* Bildung findet in präzise umgrenzten, teils verpflichtenden Bildungs- und Ausbildungsinstitutionen statt und führt im Rahmen curricular standardisierter Unterrichtsfächer zu benoteten und allgemein anerkannten Abschlüssen, die in der Regel eine Voraussetzung für den Eintritt in den Arbeitsmarkt darstellen.

- *Non-Formale* Bildung findet in einem institutionellen Setting außerhalb allgemeinbildender und berufsbildender Schulen statt. Sie hat keinen verpflichtenden Charakter und führt nicht zu Abschlüssen, die zur Ausübung einer beruflichen Tätigkeit befähigen. Sie vermittelt vielfach ergänzende Zertifikate, die für die Ausübung bestimmter Tätigkeiten hilfreich sind, z. B. ein Erste-Hilfe-Kurs, die Gruppenleiterschulung zum Erwerb der Jugendleiter-Card (Juleica), die Teilnahme an Begleitseminaren von Freiwilligendiensten (z. B. Bundesfreiwilligendienst, Freiwilliges Soziales und Ökologisches Jahr in Deutschland oder Europa; das „weltwärts"-Programm).
- *Informelle* Bildung wird als gering oder nicht organisierte Form des Lernens in alltäglichen Lebenszusammenhängen verstanden. Sie findet ohne Curricula und ohne Abschlusszertifikate statt und wird häufig von den Lernenden erst im Nachhinein als wichtiger Lernprozess mit einem Zuwachs an Kenntnissen und Fähigkeiten verstanden.

Diese kategoriale Erweiterung des Bildungsverständnisses eröffnet einen Blick auf andere Seiten von Bildung, die die Horizonte des schulischen Bildungsverständnisses überschreiten und das inhaltliche Spektrum dessen, was unter Bildung zu verstehen ist, neu vermessen. Bildung im Sinne einer Alltagsbildung ist darauf ausgerichtet, den Erwerb von Kompetenzen und Fähigkeiten zu fördern, die für eine eigenverantwortliche und gemeinschaftsfähige Lebensführung erforderlich sind. Nach Rauschenbach lassen sich diese „[...] in vier Weltbezüge und vier Dimensionen der Weltaneignung aufteilen, in die Bezüge zu einer kulturellen, zu einer materialen, zu einer sozialen und zu einer subjektiven Welt. Bildung ist demnach vor allem ein Prozess des Kompetenzerwerbs in diesen vier Weltbezügen" (Rauschenbach 2009, S. 94 f.):

- *Kulturelle Kompetenzen* mit deren Hilfe Wissensbestände und das kulturelle Erbe einer Gesellschaft erschlossen werden.
- *Personale Kompetenzen,* die eine Identität verleihen und ein Selbstwertgefühl vermitteln und zugleich dem Einzelnen ermöglichen, mit sich selbst, seiner eignen Gedanken- und Gefühlswelt, seiner Körperlichkeit und seiner Emotionalität zurechtzukommen.
- *Soziale Kompetenzen,* die befähigen sich zu anderen Menschen in Beziehung zu setzen und am Gemeinwesen teilzuhaben sowie eine soziale Verantwortung zu übernehmen.

- *Instrumentelle Kompetenzen,* die befähigen sich als aktiv Handelnde in der physikalisch-stofflichen Welt der Natur, der Waren und Produkte zu bewegen.

„Fasst man diese vier Komponenten der kulturellen Bildung, der praktischen, der sozialen Bildung und der Persönlichkeitsbildung im Sinne eines umfassenden Bildungskonzeptes zusammen, dann steht damit ein Koordinatensystem für ein modernes, pragmatisches Bildungsverständnis zur Verfügung, das es ermöglicht, die unterschiedlichen Bildungsorte, Bildungsaufgaben und Bildungsmodalitäten in ihrer Bedeutung für die einzelnen Dimensionen zueinander ins Verhältnis zu setzen" (Rauschenbach 2009, S. 95).

Die unterschiedlichen Modalitäten und die verschiedenen Dimensionen von Bildungsprozessen skizzieren das weitreichende Spektrum dessen, was der Begriff „Bildung" bezeichnet und welche Kompetenzen durch Bildung für ein gelingendes Aufwachsen junger Menschen in einer modernen pluralen Gesellschaft vermittelt werden. Auf diesem Hintergrund wird schnell ersichtlich, dass schulische Bildung mit dem Fokus Unterricht nur ansatzweise zu einer ganzheitlichen, individuellen Bildung beitragen kann, die zur eigenständigen Lebensführung und sozialen Integration in die Gesellschaft befähigt. Schulische und sozialpädagogische Bildung müssen sich wechselseitig ergänzen, wenn das Aufwachsen von Kindern und Jugendlichen in einer modernen pluralen Gesellschaft gelingen soll.

Literaturhinweise zur Vertiefung

Arbeitsgruppe Bildungsberichterstattung (Hrsg.) (2020): Bildung in Deutschland 2020. Ein indikatorengestützter Bericht mit einer Analyse zu Bildung in einer digitalisierten Welt. Bielefeld: Bertelsmann-Verlag.

Kron, Friedrich et al. (2013): Grundwissen Pädagogik, 8., aktualisierte Aufl. München und Basel: Ernst Reinhardt Verlag.

Rauschenbach, Thomas (2009): Zukunftschance Bildung. Familie, Jugendhilfe und Schule in neuer Allianz. Weinheim und München: Juventa.

Thiersch, Hans (2018): Bildung. in: Otto, Hans-Uwe et al. (Hrsg.): Handbuch Soziale Arbeit. 6., überarbeitete Aufl. München: Ernst Reinhardt Verlag. S. 165–176.

4. Begriffsklärung: Was ist Kinder- und Jugendarbeit?

In den Anfängen außerschulisch organisierter pädagogischer Arbeit mit jungen Menschen wurde über viele Jahrzehnte der Begriff „Jugendarbeit" als Bezeichnung sowohl für die praktische Arbeit als auch für die ersten systematisch-theoretischen Reflexionen über dieses Arbeitsfeld verwendet. Die Verschiebungen zwischen den Generationsphasen und insbesondere weitreichende sozialstrukturelle Veränderungen zwischen der Kindheit und Jugendphase haben inzwischen zu einer durchgängigen Verwendung des Begriffs „Kinder- und Jugendarbeit" in Politik, Wissenschaft und pädagogischer Praxis geführt.

Angesichts sehr unterschiedlicher Organisationsformen der Kinder- und Jugendarbeit, einer unüberschaubaren Vielfalt an pädagogischen Konzepten und Angeboten einerseits sowie verschiedenen wissenschaftlichen Zugängen, Standpunkten und Perspektiven andererseits überrascht es nicht, wenn eine einheitliche, von allen geteilte Begriffsbestimmung dessen, was Kinder- und Jugendarbeit ist, gegenwärtig nicht vorliegt (vgl. Thole et al. 2021, S. 16). Vor dem Hintergrund dieser Schwierigkeit wird im Folgenden eine begriffliche Annäherung vorgenommen, indem die Kinder- und Jugendarbeit in das übergreifende Fachsystem der Kinder- und Jugendhilfe eingeordnet wird und anschließend mehrere allgemeingültige Merkmale des Handlungsfeldes herausgearbeitet werden.

Die Kinder- und Jugendarbeit ist ein Oberbegriff für „das dritte große Feld der Kinder- und Jugendhilfe neben den Kindertageseinrichtungen und Erzieherischen Hilfen und wird als Bereich von Erziehung und Bildung außerhalb der Familie und den Institutionen des schulischen und beruflichen Bildungswesens angesehen" (Sturzenhecker/Deinet 2018, S. 693).

Die Familie bildet – in der Regel – für fast alle jungen Menschen die unhintergehbare Grundlage für das Aufwachsen und die Schule stellt für alle Kinder und Jugendlichen die obligatorische Rahmung für die Organisation von Bildungsprozessen und die spätere Zuweisung von Chancen auf dem Arbeitsmarkt dar. Die berufliche Bildung konzentriert sich auf die Übergänge von der Schule in die Berufswelt und vermittelt formale Qualifikationen, die für die spezifische Ausübung einer beruflichen Tätigkeit erforderlich sind.

Gleichwohl ist festzustellen, dass die ursprünglichen Grenzen zwischen Kinder- und Jugendarbeit einerseits sowie der Familie und dem Bildungssystem Schule und Berufsausbildung andererseits aufgrund starker individueller Probleme und Belastungen sich partiell verschieben. Die Beteiligung der Kinder- und Jugendarbeit an Angeboten der Offenen Ganztagsschule bringt diese Entwicklung zum Ausdruck und ebenso die Übernahme von berufsvorbereitenden und berufsorientierenden Maßnahmen im Rahmen der Jugendsozialarbeit markieren die Auflösung starrer Grenzen.

Unabhängig von den Grenzverschiebungen im schulischen und beruflichen Bildungswesen und dem Wandel der Familie ist die Kinder- und Jugendarbeit in ihrem *Kernbereich ein freiwilliges, jugendspezifisches und primär nicht-kommerzielles Angebot für junge Menschen.* Es eröffnet Gelegenheiten, sich mit Gleichaltrigen in einem organisierten Rahmen jenseits der eigenen Familie, der Schule oder der beruflichen Ausbildung zu treffen, um neue Erfahrungen zu machen und Verantwortung übernehmen zu können. Leistungskontrollen und -bewertungen, die einen festen Bestandteil schulischer Lern- und Bildungsprozesse darstellen, finden in der Kinder- und Jugendarbeit nicht statt.

Anders als in der Familie, die man sich nicht aussuchen kann, und der Schule, deren Besuch für mindestens ein Jahrzehnt verpflichtend ist und die Bildung auf der Grundlage verbindlicher Lehrpläne organisiert, gilt für alle Formen der Kinder- und Jugendarbeit, dass die Teilnahme grundsätzlich freiwillig ist und damit auf einer persönlichen Entscheidung beruht. Die Inanspruchnahme von Angeboten und die Mitwirkung an Programmen in der Kinder- und Jugendarbeit kann jederzeit beendet werden.

Im Mittelpunkt der Kinder- und Jugendarbeit stehen non-formale und informelle Bildungsprozesse. Die Qualifizierung von ehrenamtlichen Mitarbeiterinnen und Mitarbeitern findet im Rahmen eines breiten Spektrums nonformaler Aus- und Weiterbildungsmaßnahmen statt. Einen Schwerpunkt aller Angebote der Kinder- und Jugendarbeit bilden informelle Lernprozesse im Sinne einer Selbstbildung. Die informelle Bildung hat für den Aufbau einer personalen und sozialen Identität einen sehr hohen Stellenwert, der auch in der neueren Bildungsforschung hervorgehoben wird (vgl. Grunert 2018, S. 328 f.; Bauer 2018, S. 104 f.).

Die Organisationsstruktur der Kinder- und Jugendarbeit gliedert sich grob in zwei Bereiche: (1) *Jugendverbände und Vereine* entwickeln Angebote und Programme für ihre jeweiligen Mitglieder. (2) *Einrichtungen der Offenen Kinder- und Jugendarbeit* halten Räume und Gelegenheiten mit niederschwelligen Angeboten bereit, die jeder junge Mensch – ohne Mitgliedschaft – spontan und jederzeit während der Öffnungszeiten nutzen kann. Die ursprünglich starre Abgrenzung zwischen Jugendverbänden und Vereinen sowie Angeboten der Offenen Kinder- und Jugendarbeit löst sich teilweise auf, sodass Jugendverbände sich im Rahmen von Projekten und Aktionen auch für Nicht-Mitglieder öffnen und Einrichtungen der Offenen Arbeit teilweise – zwecks Planungssicherheiten – eine verbindliche Anmeldung für manche Projekte benötigen.

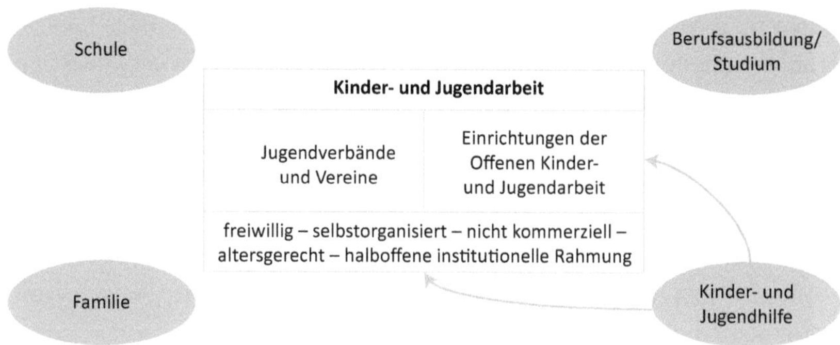

Abb. 3: Kinder- und Jugendarbeit als Sozialisations- und Bildungsinstanz

Zusammenfassend ist festzuhalten: Die Kinder- und Jugendarbeit bietet jungen Menschen Orte, Gelegenheiten und Möglichkeiten, ihre Freizeit-, Gesellungs- und Bildungsbedürfnisse in Eigenverantwortung gemeinsam mit Gleichaltrigen zu realisieren und sich ehrenamtlich zu engagieren. Die Kinder- und Jugendarbeit stellt Räume zur Verfügung, in denen sich Kinder, Jugendliche und junge Erwachsene zusätzliche kognitive, affektive und soziale Kompetenzen aneignen können, indem sie sich in vielfältiger Weise mit ihrer Lebenswelt auseinandersetzen, sich diese erschließen und sie zugleich mitgestalten. Sozialpädagogische Fachkräfte begleiten und unterstützen junge Menschen im Rahmen selbstorganisierter Lern- und Bildungsprozesse (vgl. Giesecke 1983).

Literaturhinweise zur Vertiefung

Giesecke, Hermann (1983): Die Jugendarbeit. 6. Aufl. München: Juventa.

Jordan, Erwin et al. (2015): Kinder- und Jugendhilfe. Einführung in die Geschichte und Handlungsfelder, Organisationsformen und gesellschaftliche Problemlagen. 4. überarbeitete Aufl. Weinheim und Basel: Beltz Juventa.

Sturzenhecker, Benedikt; Deinet, Ulrich (2018): Kinder- und Jugendarbeit, in: Böllert, Karin (Hrsg.): Kompendium Kinder- und Jugendhilfe. Wiesbaden: Springer VS. Bd. 1. S. 693–712.

Thole, Werner et al. (2021): Die Kinder- und Jugendarbeit. Einführung in ein Arbeitsfeld der sozialpädagogischen Bildung. 2., grundlegend überarbeitete Aufl. Weinheim und Basel: Beltz Juventa.

5. Historische Entwicklungslinien im Überblick

Die Anfänge der Jugendarbeit sind historisch mit der Entstehung der Industriegesellschaft, der „Sozialen Frage" im 19. Jahrhundert und der Konstituierung einer eigenständigen Lebensphase Jugend in dieser Zeit zu verorten. Am Beginn des 20. Jahrhunderts markieren zwei Linien die weitere Entwicklung.

5.1 Gründung von Vereinen und Verbänden

Die tiefgreifenden wirtschaftlichen, sozialen und geistigen Umbrüche vor und nach dem 1. Weltkrieg (1914–1918) rufen viele politische, gesellschaftliche, soziale und künstlerische Aufbrüche hervor: die Frauenbewegung, literarisch-künstlerische Neuansätze und reformpädagogische Ideen und Konzepte, die Alternativen zu traditionellen Formen und Zielen der Erziehung und Bildung junger Menschen suchen. In dieser Zeit des Wandels bildet sich auch die deutsche Jugendbewegung heraus, die eine kaum beschreibbare Mischung unterschiedlichster Vereinigungen und Bünde darstellt; sie kann grob in drei Richtungen zusammengefasst werden (vgl. Giesecke 1981, S. 17 f.):

a) Konfessionelle Jugendbewegung: Die Industrialisierung und Urbanisierung führen zur allmählichen Auflösung herkömmlicher sozialer Strukturen und Bindungen; dies verunsichert auch das gewohnte kirchliche Leben. Die Kirchen betrieben vor diesem Hintergrund den Aufbau eines Vereinswesens für Jugendliche mit der Absicht, die Integration der nachwachsenden Generationen durch neue Formen der religiösen Bildung, der Freizeitbeschäftigung und sozialpflegerischen Tätigkeiten zu erhalten und kirchliche Einflussfelder in einer sich säkularisierenden Gesellschaft abzusichern (vgl. Klönne 1985).

Auf protestantischer Seite entstehen in Anlehnung an angelsächsische Gründungen – besonders in Großstädten – evangelische Jünglingsvereine, die später in den „Christlichen Verein Junger Männer (CVJM)" übergehen. Erst zum Ende des 20. Jahrhunderts erfolgt die endgültige Öffnung des CVJM zum „Christlichen Verein Junger Menschen".

Auf katholischer Seite werden von Adolph Kolping „Gesellenvereine" für junge Männer gegründet. Im Mittelpunkt steht die Wahrung religiöser Bindungen an die Kirche und deren moralische und sittliche Einbindung in die kirchliche Gemeinschaft; später – mit Verschärfung der sozialen Frage – fanden auch soziale Probleme (z. B. Arbeitsschutz und Arbeitslosigkeit) eine erhöhte Aufmerksamkeit.

In der Zeit der Weimarer Republik werden mehrere katholische Jugendverbände gegründet, die heute zum Grundbestand der katholischen Jugendverbandsarbeit zählen: Bund Neudeutschland (ND)/später: Katholische Studierende Jugend (KSJ) (1919); Deutsche Jugendkraft (DJK) (1920); Deutsche Pfadfinderschaft St. Georg (DPSG) (1929).

b) Bürgerliche Jugendbewegung: Das von der Industrialisierung geprägte städtische Leben führt zu einer Hinwendung zur Natur. Es entsteht u. a. die sogenannte Wandervogelbewegung mit zahllosen Gruppen in vielen Städten. Ein Höhepunkt der bürgerlichen Jugendbewegung vor dem Ersten Weltkrieg ist das Treffen auf dem Hohen Meißner im Oktober 1913. In der Einladung dazu heißt es:

> „Die deutsche Jugend steht an einem entscheidenden Wendepunkt. Die Jugend, bisher nur ein Anhängsel der älteren Generation, aus dem öffentlichen Leben ausgeschaltet, und auf eine passive Rolle verwiesen, beginnt sich auf sich selbst zu besinnen. Sie versucht unabhängig von den Geboten der Konvention selbst ihr Leben zu gestalten. Sie strebt nach einer Lebensführung, die jugendlichem Wesen entspricht, die es ihr aber zugleich auch ermöglicht, sich selbst und ihr Tun ernst zu nehmen und sich als einen besonderen Faktor in die allgemeine Kulturarbeit einzugliedern. Sie möchte das, was in ihr als reine Begeisterung für höchste Menschheitsaufgaben an ungebrochenem Glauben und Mut zu einem adligen Dasein lebt, als einen erfrischenden, verjüngenden Strom dem Geistesleben des Volkes zuführen" (Giesecke 1981, S. 22).

Das Ergebnis des Treffens auf dem Hohen Meißner wird in der sogenannten „Meißner-Formel" zusammengefasst: „Die Freideutsche Jugend will aus eigner Bestimmung, vor eigner Verantwortung, mit innerer Wahrhaftigkeit ihr Leben gestalten. Für diese innere Freiheit tritt sie unter allen Umständen geschlossen ein" (Giesecke 1981, S. 22). Die „Meißner-Formel" ist kein gesellschaftspolitisches Programm, sondern sie bringt das Lebensgefühl der damaligen Zeit zum Ausdruck.

Die bürgerliche Jugendbewegung zeichnet sich durch „die Entdeckung der Natur und des Wanderns aus; die Entdeckung der jugendlichen Gleichaltrigengruppe als besonderen Erlebnis- und Selbsterziehungsbereich, die Distanz zu gesellschaftlichen Konventionen und die Option für ungezwungene Kleidung und Umgangsformen, die Wiederentdeckung alter Lieder, Bräuche und Sitten und die Romantik des Gemeinschaftslebens außerhalb der städtischen Zivilisation“ (Giesecke 1983, S. 17).

Die bürgerliche Jugendbewegung ist „von nicht zu überschätzender Bedeutung für die Entstehung der Jugendarbeit“ (Giesecke 1983, S. 17), wenn es um die Gestaltung „eines jugendgemäßen Lebens“ geht. Es ist vor allem die Entdeckung der Gruppe als pädagogisches Prinzip, die Bedeutung der Gleichaltrigen für die Erziehung und Bildung sowie eine Neubestimmung des Stellenwertes pädagogischer Beziehungen auf dem Weg zum Erwachsensein. Darüber hinaus haben die Ziele der bürgerlichen Jugendbewegung bis in die Mitte des 20. Jahrhunderts zur Sensibilisierung der Gesellschaft für die Lebenssituation und Problemlagen Jugendlicher beigetragen.

c) Proletarische Jugendbewegung: Ausgangpunkt für die Gründung von Arbeiterjugendorganisationen ist die Krise der handwerklichen Ausbildung und die katastrophalen Bedingungen für Lehrlinge einerseits sowie der rasante Anstieg von jungen Fabrikarbeitern im Alter von 14 bis 18 Jahren mit langen Arbeitszeiten und geringen Löhnen. Im Umfeld der Gewerkschaftsbewegung und der entstehenden Sozialdemokratie entwickeln sich zahlreiche Gruppen, deren Ziel es ist, einen Kampf gegen die Ausbeutung am Arbeitsplatz und im Lehrlingswesen zu führen, aber auch eine Selbstbestimmung gegenüber den Arbeiterorganisationen der Erwachsenen durchzusetzen. Letzteres führt später in der Weimarer Zeit zu Konflikten mit der Gewerkschaftsbewegung und mit der sozialdemokratischen Partei und in Folge dessen zu einer wechselseitigen Distanzierung.

Trotz aller Differenzen zwischen einzelnen Strömungen innerhalb der Arbeiterjugend vertreten diese – im Unterschied zur bürgerlichen Jugendbewegung – mit Nachdruck ein politisches Programm: Vorbereitung der Arbeiterjugend auf den Klassenkampf durch Stärkung und Förderung der Solidarität; Befreiung von wirtschaftlicher Ausbeutung; Pflege internationaler Solidarität und die Unterstützung aller Bemühungen im antimilitaristischen Kampf.

Die radikalen politischen Zielsetzungen der proletarischen Jugendbewegung führen zu einer strikten Abgrenzung gegenüber der bürgerlichen Jugendbewegung und gegenüber kirchlichen Gruppen. Darüber hinaus entstehen zahlreiche Konflikte mit Gesetzen des preußischen Obrigkeitsstaates, welche die Entwicklung einer staatlichen Jugendpflege vorantreiben (vgl. Giesecke 1981, S. 38f.).

5.2 Aufbau einer staatlichen Jugendpflege

Aufgrund der „öffentlichen Sorge" um eine fortschreitende Verwahrlosung und sich ausbreitender Kriminalität vor allem in großen Industriestädten und einer Bedrohung der öffentlichen Ordnung durch Jugendliche bildet sich eine staatliche Jugendpflege heraus, um die Kontrolllücke zwischen Schulbank und Kasernentor zu schließen (vgl. Lindner 2018, S. 708). Vor diesem Hintergrund verfasste die preußische Staatsregierung im Jahr 1911 einen Jugendpflegeerlass für männliche Jugendliche und kurze Zeit später eine modifizierte Version für weibliche Jugendliche. Auf diesem Weg soll die Jugend wieder enger an eine vaterländische Gesinnung und Wehrerziehung herangeführt werden: „Aufgabe der Jugendpflege ist die Mitarbeit an der Heranbildung einer frohen, körperlich leistungsfähigen, sittlich tüchtigen von Gemeinsinn und Gottesfurcht, Heimat- und Vaterlandsliebe erfüllten Jugend. Sie will die Erziehungstätigkeit der Eltern, der Schule und Kirche, der Dienst- und Lehrherrn unterstützen, ergänzen und weiterführen" (Giesecke 1981, S. 48).

Die Erlasse zur Jugendpflege gehen kurze Zeit später im Jahr 1922 in das Reichsjugendwohlfahrtsgesetz (RJWG) ein. Dieses Gesetz führt die Regelungen zur Jugendfürsorge (= Umgang mit straffällig geworden und von Verwahrlosung bedrohten minderjährigen Kindern und Jugendlichen) sowie die Erlasse zur Jugendpflege (= Anpassung und Integration junger Menschen an die staatliche Ordnung) zusammen und formuliert erste gesetzliche Regelungen zum Kinder- und Jugendschutz. Die einheitliche Rechts- und Verwaltungsgrundlage des Reichsjugendwohlfahrtsgesetz (RJWG) gibt u.a. auch den Anstoß zur Einrichtung kommunaler Jugendämter (vgl. Peukert 1986).

Das RJWG ist der Versuch einer sozialpolitischen Antwort auf die „Soziale Frage" am Beginn des 20. Jahrhunderts. Das RJWG „gilt als eine der bedeutendsten gesetzgeberischen Leistungen der Weimarer Republik und behielt ohne grundlegende Änderungen bis zum Ende der 1980er Jahre Gültigkeit" (Rätz et al. 2014, S. 21). Ein Neuanfang wird erst im Jahr 1990 durch die Verabschiedung des Kinder- und Jugendhilfegesetzes (KJHG) eingeleitet.

Die Anfänge organisierter Jugendarbeit am Beginn des 20. Jahrhunderts sind geprägt von der Spannung zwischen Autonomie und Disziplinierung.

Junge Menschen suchen einerseits eigenständige gesellschaftliche Räume und alternative, jugendgemäße Ausdrucksformen ihres Lebensstils in Kultur, Gesellschaft, Kirche und Politik. Andererseits wird eine soziale Kontrolle über die Freizeitgestaltung sowie eine Motivierung und Aktivierung für den Militär- und Kriegsdienst angestrebt. Ebenso charakteristisch für den Beginn organisierter Jugendarbeit ist deren strukturelle und programmatische Vielfalt in Vereinen, Verbänden und staatlichen Einrichtungen. Trotz der außerordentlich wechselhaften historischen Entwicklung der Jugendarbeit in den vergangenen 100 Jahren haben die beiden Merkmale, Autonomie und Anpassung, ihre prägende Kraft für das Handlungsfeld Kinder- und Jugendarbeit bis in der Gegenwart hinein nicht verloren.

Jugendarbeit im NS-Staat: Die nationalsozialistische Machtergreifung im Jahr 1933 bedeutet für die Geschichte der Jugendarbeit in Deutschland einen tiefen Einschnitt. Der NS-Staat verschafft der Hitler-Jugend Schritt für Schritt eine Monopolstellung bei der Erziehung Jugendlicher außerhalb des Elternhauses und der Schule. Die Hitler-Jugend bemächtigt sich der bündischen Jugend und beraubt sie ihrer jugendbewegten Impulse aus der Weimarer Zeit. „Am Ende der Entwicklung stand der reglementierte Staatsjugenddienst mit Pflichtcharakter, der jeden Anspruch Jugendlicher auf ein Leben in eigener ‚Bestimmung' zunichte machte" (Klönne 1985, S. 368).

Die Ziele und Denkmuster der neuen Ära werden in der „Verordnung über die Jugendwohlfahrt in den Sudetendeutschen Gebieten" aus dem Jahr 1939 besonders deutlich:

> „Die Erziehung der Jugend im nationalsozialistischen Staat ist Erziehung zur deutschen Volksgemeinschaft. Ziel der Erziehung ist der körperlich und seelisch gesunde, sittlich gefestigte, geistig entwickelte, beruflich tüchtige deutsche Mensch, der rassebewusst in Blut und Boden verwurzelt und Volk und Reich verpflichtet und verbunden ist. Jedes deutsche Kind soll in diesem Sinne zu einem verantwortungsbewussten Glied der deutschen Volksgemeinschaft erzogen werden. (RGBI. 1429)" (zitiert nach Jordan u.a. 2015, S. 63).

Um diese Ziele in der Praxis durchzusetzen, erfolgt die Auflösung aller Jugendverbände bzw. deren zwangsweise Eingliederung in die Hitler-Jugend. Sie hat den Anspruch, die gesamte deutsche Jugend zu erfassen und entsprechend zu erziehen. Die vollständige Instrumentalisierung der Jugendarbeit für den NS-Staat und dessen ideologische Erziehungsziele wird möglich, weil sie an Traditionen und Ausdrucksformen der Jugendbewegung anknüpft, diese aber ideologisch uminterpretiert: „Jugendgemäße Lebensformen, Aufteilung in Altersgruppen, Liedschatz, Kluft und Symbol, militärische Organisationsformen, Massenaufmärsche mit ihren charakteristischen Ritualen: dies alles brauchte nur aufgegriffen und zweckmäßig vermengt zu werden" (Giesecke 1983, S. 19f.).

Neubeginn nach dem Zweiten Weltkrieg im West- und Ostdeutschland ab 1945: Der Wiederaufbau der Jugendarbeit erfolgte nach den Vorgaben der jeweiligen Siegermächte. In Ostdeutschland erlangt die Jugendarbeit nach 1949 durch den Aufbau der „Freien Deutschen Jugend" (FDJ) als staatliche Jugendorganisation eine hohe politische Priorität. Nach sowjetischen Vorstellungen wird die FDJ dem Ressort Volksbildung zugeordnet und hat die Aufgabe, zur Erziehung einer „allseits entwickelten sozialistischen Persönlichkeit" auf der Grundlage des Marxismus-Leninismus beizutragen (vgl. Gatzemann 2008, S. 33).

Das Ende der DDR führt zu einer vollständigen Auflösung der staatlichen Jugendverbandsstruktur der FDJ und viele kommunale Einrichtungen der Kinder- und Jugendarbeit sowie der Kulturarbeit werden in den 1990er Jahren geschlossen. Mit dem Vertrag zur deutschen Einheit (1990) erfolgt in Ostdeutschland die formale Übernahme des bundesrepublikanischen Rechtssystems und eine entsprechende Angleichung der gesellschaftlichen Strukturen an den Westen. Der Aufbau der Kinder- und Jugendarbeit in den neuen Bundesländen orientiert sich weitgehend an den Vorgaben der alten Bundesrepublik; eigene ostdeutschen Traditionen und Besonderheiten kommen in der Entwicklung neuer Strukturen und konzeptioneller Ansätze für die Kinder- und Jugendarbeit im Osten nur punktuell zur Geltung (vgl. Thole et al. 2021, S. 85f.).

In Westdeutschland wird der Wiederaufbau durch die Alliierten geprägt, indem sie durch systematische Umerziehungsprogramme nach anglo-amerikanischen Vorbildern (Re-Education = Umerziehung zur Demokratie) versuchen, dem Einfluss der NS-Vergangenheit bei der Jugend entgegenzuwirken. Mangels hinreichend aktualisierter Leitziele orientiert sich die Jugendarbeit jedoch wieder an Vorkriegsmustern aus der Weimarer Zeit, sodass in den 1950er und -60er Jahren zunehmend eine „Vergesellschaftung der Jugendarbeit" eintrat. D.h. konkret, die ursprüngliche Autonomie und der Eigensinn vieler Vereine und Verbände gehen verloren und sie entwickeln sich zu traditionsbewahrenden Organisationen, die primär die vorhandenen gesellschaftlichen Verhältnisse und deren Autoritäten unterstützten. Als Gegenentwurf zu den traditionellen Milieus der Jugendverbände werden in den 1950er Jahren erste „Häuser der Offenen Tür“ als Einrichtungen der Offenen Jugendarbeit gegründet, die sich zunächst vor allem auf Freizeitaktivitäten konzentrierten.

Im Gefolge der Studenten-, Schüler- und Lehrlingsbewegung zu Beginn der 1970er Jahre erlebt die Bundesrepublik eine Gründungswelle von Initiativen für selbstverwaltete Jugendzentren, die geprägt werden vom Streben nach Autonomie und Selbstbestimmung. Trotz unzähliger gesellschaftlicher Konflikte und Spannungen kommt es zu einem intensiven materiellen und personellen Ausbau der Jugendarbeit, insbesondere im Bereich der Offenen Jugendarbeit. Der Umbau des Sozialstaates und der Ausbau bzw. die Reformen des Bildungssystems erheben die Jugendarbeit zu einem eigenständigen außerschulischen Sozialisations-, Erziehungs- und Bildungsbereich. Die fortschreitende Professionalisierung der Jugendarbeit erzeugt in der Theorieentwicklung und der sozialpädagogischen Praxis eine Vielzahl unterschiedlicher konzeptioneller Ansätze, von denen sich jedoch keiner dauerhaft als Leitorientierung behaupten kann (vgl. Kiesel et al. 1998).

Mit dem intensiven Ausbau der Ganztagsschule am Ende des 20. und zu Beginn des 21. Jahrhunderts haben sich die Rahmenbedingungen für die Jugendarbeit verändert. Die für Schülerinnen und Schüler frei verfügbare Zeit hat sich durch die Ausweitung der Schulzeit reduziert, sodass die Wahrnehmung von Angeboten der Kinder- und Jugendarbeit sowie ein entsprechendes ehrenamtliches Engagement nur noch eingeschränkt möglich ist (vgl. Lange/Wehmeyer 2014). Aufgrund dieser Entwicklung ist die Kinder- und Jugendarbeit gefordert, ihr Verhältnis zur Schule neu zu bestimmen.

Literaturhinweise zur Vertiefung

Giesecke, Hermann (1981): Vom Wandervogel zur Hitler-Jugend. Jugendarbeit zwischen Politik und Pädagogik. München: Juventa.

Giesecke, Hermann (1983): Die Jugendarbeit, 6. Aufl. München: Juventa,

Krafeld, Franz-Josef (1984): Geschichte der Jugendarbeit. Von den Anfängen bis zur Gegenwart. Weinheim und Basel: Beltz.

Müller, C. Wolfgang et al. (1964): Was ist Jugendarbeit? Vier Versuche zu einer Theorie. München: Juventa.

Böhnisch, Lothar; Gängler, Hans (Hrsg.) (1991): Handbuch Jugendverbände. Weinheim und Basel: Juventa.

6. Die Adressaten: Kinder, Jugendliche und junge Erwachsene

Das Aufwachsen junger Menschen ist eng in die jeweils historisch-gesellschaftlichen Zusammenhänge eingebunden. Das Modell der Kindheit und Jugendzeit als Moratorium auf dem Weg zum Erwachsenwerden hat sich durch einen tiefgreifenden gesellschaftlichen Wandel der vergangenen Jahrzehnte grundlegend verändert und ist brüchig geworden. Die Individualisierung und Pluralisierung als grundlegende Veränderung der gesellschaftlichen Sozialstrukturen prägen weitreichend auch die Lebenswelten junger Menschen.

6.1 Sozialwissenschaftliche Kindheits- und Jugendforschung

Die Lebensphasen der Kindheit und Jugendzeit erfahren eine Entstrukturierung und Entstandardisierung, die zu einer zeitlichen Entgrenzung dieser Phasen führen. D.h. konkret, traditionelle Normen, Werte und Handlungsmuster entfalten zunehmend eine geringere normative Funktion, da sie heute jeweils individuell neu zur Entscheidung anstehen. Diese Entwicklung führt zu einer immer weiterführenden Ausdifferenzierung kultureller Orientierungen und dem Verschwinden einer deutlich normierten Differenzierung zwischen der Kindheit, dem Jugend- und Erwachsenenalter. Insgesamt ist von einer neuen Form des Übergangs in das Erwachsenenalter auszugehen, deren bestimmende Merkmale ihre Offenheit und Ungewissheit sind (vgl. Schröer 2016).

Die Offenheit der Übergänge wird in der Praxis der Kinder- und Jugendarbeit u.a. durch das veränderte Lebensalter von Teilnehmerinnen und Teilnehmern bei den Angeboten erkennbar. Waren ursprünglich allein Jugendliche als Zielgruppe im Blick, so bilden heute auch Kinder – selbst im Grundschulalter – keine Ausnahme bei den Adressaten des Handlungsfeldes. Ebenso fühlen sich ältere Jugendliche und junge Erwachsene in manchen Einrichtungen und bei Jugendverbänden angesprochen und finden hier Bezugspunkte. Die Altersgrenzen der Kinder- und Jugendarbeit sind nach unten und nach oben – weitgehend – fließend und offen.

Die Lebenswelten der Adressaten zeichnen sich durch eine außerordentliche Heterogenität aus, die von der sozialen und kulturellen Herkunft, vom Alter, Geschlecht und dem jeweiligen sozialräumlichen Kontext geprägt werden. Da nicht von *einer* Kindheit und *einer* Jugendzeit auszugehen ist (vgl. Andresen 2018; Niekrenz/Witte 2018), besteht die pädagogische Herausforderung darin, die Vielfalt und Unterschiedlichkeit der Lebenslagen differenziert wahrzunehmen und jeweils einen spezifischen Zugang zu den entsprechenden Lebenswelten zu finden. Dieser Zugang bildet den Ausgangspunkt und die Grundlage für alle weiteren konzeptionellen Planungen in der Kinder- und Jugendarbeit.

Die Kindheits- und Jugendforschung liefern inzwischen eine unübersehbare Vielzahl an Studien, die versuchen die Lebenswelten von Kindern und Jugendlichen differenziert zu erfassen, zu beschreiben und zu interpretieren. Es sind empirische Untersuchungen, die sich jeweils auf einzelne ausgewählte Teilaspekte konzentrieren, diese analysieren und entsprechend deuten. Die methodische Anlage der Studien ist entweder auf quantitativer Basis konzipiert worden oder nach qualitativen Verfahren ausgerichtet. Vielfach erfolgt in der methodischen Anlage der Studien auch eine Kombination von quantitativen und qualitativen Vorgehensweisen.

Eine Untersuchung kann sehr unterschiedliche Perspektiven einnehmen; diese sind abhängig von der jeweiligen Fragestellung. Manche Untersuchungen setzen unterschiedliche Blickwinkel in Beziehung zueinander, ermitteln Ergebnisse aus einer Gegenüberstellung oder durch die Verknüpfung verschiedener Befunde. In der gegenwärtigen Kindheits- und Jugendforschung hat die Perspektive der Betroffenen, also die Sichtweise von Kindern und Jugendlichen selbst, ihre Wahrnehmung der persönlichen und sozialen Lebenswelt sowie deren Interpretationen einen sehr hohen Stellenwert. Wenn es gilt die Lebenswelten von Kindern und Jugendlichen differenziert zu erfassen, so darf auch – je nach Fragestellung – die Sichtweise von Vätern und Müttern nicht ausgeklammert werden.

Eine andere Perspektive auf die Adressaten der Kinder- und Jugendarbeit ist die Sichtweisen von Fachkräften, wie z. B. von Lehrern, Sozialpädagogen und Erziehern. Aber auch Politiker, Ökonomen, Verantwortliche in Verwaltungen und Kirchen haben Erfahrungen, Bilder und Vorstellungen über Lebenswelten von Kindern und Jugendlichen, die – je nach Fragestellung – für manche Studien relevant sind.

Die Reichweite der Ergebnisse der Kindheits- und Jugendforschung ist sehr unterschiedlich. Große Studien beanspruchen eine umfassende Repräsentativität für das gesamte Land, wie z.B. die Shell-Jugendstudien (vgl. Shell Holding Deutschland 2019) und die World-Vision-Kinderstudien (vgl. World Vision 2013). Andere Studien haben einen regionalen Charakter, d.h. ihre Aussagen beziehen sich auf eine ausgewählte Region und wollen hier die Lebenswelten von Kindern und Jugendlichen beschreiben, wie z.B. in Baden-Württemberg und in Bayern (vgl. dazu Rauschenbach; u.a. 2010; Schäfer 2020; ähnlich: Schametat, u.a. 2017; Grünhäuser 2020). Andere Studien sind lokal angelegt und wollen die Lebenswelten auf der lokalen Ebene möglichst kleinräumig erfassen und abbilden (vgl. Welter/Herres 2020; Deinet/Icking 2019).

Angesichts der unüberschaubaren Fülle an Einzelstudien und -untersuchungen nimmt das Projekt „AID:A – Aufwachsen in Deutschland: Alltagswelten" vom Deutschen Jugendinstitut (DJI) eine besondere Stellung ein (vgl. Rauschenbach/Bien 2012). Der DJI-Survey erforscht die Lebenssituation von Kindern, Jugendlichen und Erwachsenen im Rahmen alltäglicher Entwicklungs- und Handlungskontexte, insbesondere im Zusammenhang mit familialen Veränderungen. Der AID:A-Survey will Entwicklungsprozesse im Lebenslauf untersuchen: Das Themenspektrum ist breit und reicht von der steigenden Bedeutung außerschulischer Bildung und Betreuung für jüngere Kinder und Schulkinder am Nachmittag, Veränderungen im Bildungs- und Freizeitverhalten von Jugendlichen bis zum Wandel von Familienstrukturen und der Alltagsorganisation in Trennungsfamilien. Darüber hinaus wird auch die Kontinuität des ehrenamtlichen und politischen Engagements in den Blick genommen.

Die AID:A Erhebungen beziehen Kinder, Jugendliche und Erwachsene bis zum Alter von 55 Jahren ein. Die Ergebnisse fließen in die Politikberatung der Bundesregierung ein, wie z.B. in die Familienberichte sowie die Kinder- und Jugendberichte des Bundesministeriums für Familien, Senioren, Frauen und Jugend (BMFSFJ); ebenso werden die Ergebnisse für die Erstellung des regelmäßig erscheinenden nationalen Bildungsberichtes (vgl. Arbeitsgruppe Bildungsberichterstattung) genutzt. Darüber hinaus werden die AID:A-Ergebnisse den Bundesländern und einzelnen Kommunen für entsprechende Sozialberichte zur Verfügung gestellt.

6.2 Interdisziplinäre Zugänge

Die Kindheits- und Jugendforschung liefert unverzichtbare Grundlagen zur Beschreibung der Adressaten der Kinder- und Jugendarbeit. Der wissenschaftliche Blick auf Kinder und Jugendliche ist in der Regel disziplinär angelegt. D.h. die Lebenswelten von Kindern und Jugendlichen werden aus dem Blickwinkel einer wissenschaftlichen Disziplin, häufig von den Sozial- und Erziehungswissenschaften oder aus der Perspektive der Entwicklungspsychologie, beschrieben und interpretiert.

Erst die Zusammenschau aller drei wissenschaftlichen Disziplinen vervollständigt den Wissensstand über die Adressaten und ermöglicht eine differenzierte Annäherung (vgl. Göppel 2019). Die entwicklungspsychologische Perspektive zeigt die inneren Prozesse kognitiver, emotionaler und sozialer Entwicklung auf und liefert theoretische Modelle der Identitätsentwicklung. Auf diesem Hintergrund werden altersbedingte Entwicklungsaufgaben identifiziert, deren erfolgreiche Bewältigung für ein gelingendes Aufwachsen erforderlich ist (vgl. Jungbauer 2017; Lohaus 2019).

Die sozialwissenschaftliche Perspektive auf die Adressaten beschreibt die gesellschaftlichen Faktoren und Einflüsse, die der Kindheit und Jugendphase ihre jeweilige Prägung und strukturelle Rahmung geben.

Die erziehungswissenschaftliche Perspektive auf die Adressaten der Kinder- und Jugendarbeit entwirft vor dem Hintergrund entwicklungspsychologischer und sozialwissenschaftlicher Kenntnisse sozialpädagogische Handlungskonzepte zur Förderung und Unterstützung bei der Bewältigung der altersspezifischen Entwicklungsaufgaben (vgl. Böhnisch 2018).

6.3 Grenzen bei den Adressatengruppen

Im Gegensatz zu den anderen großen Bereichen der Kinder- und Jugendhilfe (Kindertagesstätten und Erziehungshilfen), bei denen Eltern zu den konstitutiven Adressaten der pädagogischen Arbeit gehören, richten sich die Angebote der Kinder- und Jugendarbeit exklusiv an junge heranwachsende Menschen. Väter und Mütter sind – nach dem Selbstverständnis der Kinder- und Jugendarbeit – keine Adressaten eigenständiger pädagogischer Angebote im Handlungsfeld der Kinder- und Jugendarbeit.

Literaturhinweise zur Vertiefung

Bründel, Heidrun; Hurrelmann, Klaus (2017): Kindheit heute. Lebenswelten der jungen Generation. Weinheim und Basel: Beltz Juventa.

Gniewosz, Burkhard; Titzmann, Peter (Hrsg.) (2018): Handbuch Jugend. Psychologische Sichtweisen auf Veränderungen in der Adoleszenz. Stuttgart: Kohlhammer.

Göppel, Rolf (Hrsg.) (2019): Das Jugendalter. Theorien, Perspektiven, Deutungsmuster. Stuttgart: Kohlhammer.

Krüger, Heinz-Hermann; Grunert, Cathleen (Hrsg.) (2010): Handbuch Kindheits- und Jugendforschung. 2. aktualisierte und erweiterte Aufl. Wiesbaden: Springer VS.

Quenzel, Gudrun; Hurrelmann, Klaus (2022): Lebensphase Jugend. Eine Einführung in die sozialwissenschaftliche Jugendforschung. 14. überarbeitete Aufl. Weinheim und Basel: Beltz Juventa.

7. Theoriekonzepte als wissenschaftliche Bezugspunkte sozialpädagogischer Bildung

Eine sozialpädagogische Bildungsarbeit mit Kindern und Jugendlichen braucht wissenschaftliche Anknüpfungspunkte, um einerseits die Tätigkeit gegenüber dem Träger und Förderern zu legitimieren. Andererseits braucht es in der sozialpädagogischen Praxis auch theoretische Bezugspunkte, um sich in der Reflexion nicht in Beliebigkeiten und Zufälligkeiten des eigenen Handels zu verlieren, sondern die Kernpunkte der sozialpädagogischen Ziele im Blick zu behalten. Mit anderen Worten: Wissenschaftliche Bezugspunkte liefern wichtige Reflexionsimpulse für die sozialpädagogische Praxis und deren Weiterentwicklung.

Angesichts der Heterogenität des Arbeitsfeldes Kinder- und Jugendarbeit überrascht es nicht, dass sich die Theorieentwicklung – ähnlich wie in der Sozialen Arbeit – „eher als ein offenes Projekt mit unterschiedlichen Ansätzen und Schulen sowie verschiedenen Traditionslinien darstellt" (Thole et al. 2021, S. 242). Gleichwohl haben sich im Kontext der Wissenschaft und Praxis Sozialer Arbeit die Theoriekonzepte der Lebenswelt- und Sozialraumorientierung sowie die Subjektorientierung zu grundlegenden theoretischen Ansätzen herausgebildet, die die wissenschaftlichen Diskurse und auch die Praxis der Kinder- und Jugendarbeit nachhaltig prägen (vgl. Rahn 2020).

7.1 Bezugspunkt: Subjekt

Ausgangspunkt einer subjektorientierten Kinder- und Jugendarbeit ist die Annahme, dass die Kernaufgabe eines eigenständigen Arbeitsfeldes Kinder- und Jugendarbeit nicht darin besteht, junge heranwachsende Menschen zu sozial unauffälligen, angepassten Gesellschaftsmitgliedern zu erziehen, die geltende Gesetze beachten und ihre Lebensführung an den Leitnormen der Arbeits- und Konsumgesellschaft orientieren. „Der eigenständige – sie von schulischer Erziehung und Qualifizierung sowie von einer sozialarbeiterischer Problembearbeitung unterscheidende – Auftrag der Jugendarbeit wird dagegen darin gesehen, Heranwachsende zu einer eigenverantwortlichen und selbstbestimmten Lebensführung [zu begleiten – Anm. d. Verf.] sowie sie zu befähigen, zugleich das Recht Anderer anzuerkennen, ihr Leben eigenverantwortlich und eigensinnig zu gestalten. Es geht also zentral um die Stärkung autonomer Urteils-, Entscheidungs- und Handlungsfähigkeit in Auseinandersetzung mit inneren Blockaden und äußeren Einschränkungen“ (Scherr 2021a, S. 640).

Grundlegende Elemente dieses Theoriekonzeptes sind die Begriffe „Subjektivität“ und „Bildung“. Mit dem Begriff der Subjektivität ist nicht die innere psychische Verfassung des Individuums gemeint. Der Terminus „Subjektivität“ steht vielmehr für die Annahme, dass Individuen über ein Selbstbewusstsein und die Möglichkeit zur Selbstbestimmung verfügen, die auf der Grundlage von Abwägungen zwischen verschiedenen Alternativen erfolgt und Individuen mit einer Fähigkeit zum eigenständigen Handeln ausgestattet sind. Selbstbewusstsein, Selbstbestimmung und eigenständiges Handeln sind keineswegs voraussetzungslos gegeben, sondern in ihrer lebensgeschichtlichen Entwicklung und lebenspraktischen Realisierung abhängig von konkreten sozialen Bedingungen, welche die Entfaltung der individuellen Möglichkeiten fördern oder behindern, unterstützen oder erschweren.

Pädagogisch relevant wird der Subjektbegriff durch seine konstitutive Verbindung mit dem Bildungsbegriff. Bildung meint im Sinne einer subjektorientierten Kinder- und Jugendarbeit nicht nur ein Lernen als Aneignung von Kompetenzen und Qualifikationen, die Individuen in der Schule und am Arbeitsmarkt abverlangt werden, sondern Bildung meint die allseitige und umfassende Entwicklung individueller Fähigkeiten, eines Selbstwertgefühls, eines Selbstbewusstseins und einer selbstbestimmten Handlungsfähigkeit. Subjekt-Bildung ist das Ziel der Kinder- und Jugendarbeit; es vollzieht sich in den Dimensionen der Subjektwerdung, der Selbstachtung, des Selbstbewusstseins und der Selbstbestimmung. Im Rahmen der Jugendphase bedeutet dies konkret, Jugendlichen Such- und Findungsprozesse sowie ein Experimentieren zu ermöglichen, indem sie unterschiedliche Lebensentwürfe erproben.

7.2 Bezugspunkt: Lebenswelt

Das Theoriekonzept der Lebensweltorientierung geht vom Alltag der Adressaten aus und deutet deren Handlungsmuster als subjektive Bewältigungsstrategien bei der Suche nach Veränderungen in den alltäglichen Lebensverhältnissen. Der biografische Alltag ist gekennzeichnet durch viele gesellschaftliche

Widersprüche und Spannungen, die sich in subjektiven Alltagserfahrungen niederschlagen. Der Fokus des lebensweltorientierten Ansatzes richtet sich besonders auf die individuellen Stärken, vorhandene Ressourcen und nicht realisierte Potenziale zur Lebensbewältigung im Alltag. Vor diesem Hintergrund richtet sich das Ziel sozialpädagogischer Bildung auf die Ermöglichung eines gelingenden Alltages.

Das Theoriekonzept der Lebensweltorientierung wird getragen von der Idee sozialer Gerechtigkeit und von dem Prinzip der Einmischung. Die Verflechtungen der individuellen Lebenswelt mit gesellschaftlichen Strukturen und Entwicklungen erfordern eine Einmischung in die Gestaltung der Lebenswelt seitens der Adressaten sowie durch Professionelle, wenn sie nicht zu stummen Objekten gesellschaftlicher Verhältnisse, sondern zu Subjekten ihres eigenen Handelns werden wollen (vgl. Grunwald; Thiersch 2016).

Das Theoriekonzept der Lebensweltorientierung stellt im Kontext der Kinder- und Jugendarbeit die Lebenswelten junger Menschen in den Vordergrund, vermittelt Kriterien und Standards professionellen methodischen Handelns und verbindet institutionelle sowie gesellschaftliche Kontexte in kritisch-emanzipativer Perspektive mit der Idee sozialer Gerechtigkeit.

Lebensweltorientierung und die Kinder- und Jugendarbeit stehen in einem engen Verhältnis zueinander. Die zentralen Strukturmaximen der lebensweltorientierten Sozialen Arbeit sind auch konstitutiv für das Handlungsfeld der Kinder- und Jugendarbeit: „Alltagsnähe, Partizipation, Regionalisierung/ Sozialraumorientierung, Einmischung und nicht zuletzt die Offenheit erscheinen weniger als durchzusetzende Qualitätsstandards einer gelingenden Kinder- und Jugendarbeit, sondern als grundlegende, gleichsam denk- und handlungsnotwendige Merkmale des Feldes“ (Köngeter 2016, S. 130).

7.3 Bezugspunkt: Sozialraum

Der theoretische Fokus Sozialraum verändert den Blick auf die sozialpädagogische Bildung, indem die einseitige Fixierung auf das Individuum aufgelöst und um eine Raumperspektive erweitert wird. Die Rede vom Raum meint dabei mehr als nur physisch-materielle Gegebenheiten; sie weist vielmehr auf Zusammenhänge hin, die der französische Soziologe Bourdieu als sozialen Raum bezeichnet, nämlich auf gesellschaftliche Zusammenhänge und symbolische Bedeutungen, die ein sozialer Raum widerspiegelt (vgl. Bourdieu 2002).

Dementsprechend bezieht sich nach Kessl und Reutlinger „[…] eine Sozialraumperspektive nicht primär auf physisch-materielle Objekte, auf das, was wir alltagssprachlich ‚Orte' und ‚Plätze' oder eben auch ‚Raum' nennen: Gebäude, Straßen oder Stadtteile. Vielmehr gilt das Interesse einer Sozialraumperspektive dem von den Menschen konstituierten Raum der Beziehungen, der Interaktionen und der sozialen Verhältnisse […]. Mit Sozialraum werden somit der gesellschaftliche Raum und der menschliche Handlungsraum bezeichnet, das heißt, der von den handelnden Akteuren (Subjekten) konstituierte Raum und nicht nur der verdinglichte Ort (Objekte)" (Kessl/Reutlinger 2007, S. 23).

Ein Sozialraum wird durch die jeweiligen gesellschaftlichen Verhältnisse konstituiert, d.h. konkret, seine Gestalt ist das Ergebnis gesellschaftlicher Auseinandersetzungen und politischer Entscheidungen. Deshalb ist ein Sozialraum auch nicht unveränderbar gegeben, sondern erfährt durch menschliches Handeln seine je spezifische Prägung. Dieses besondere Kennzeichen eines Sozialraumes eröffnet einerseits Handlungsspielräume und andererseits kann es diese aber auch einschränken, je dem nach Charakter der politischen Entscheidungen.

Sozialräume werden deshalb weder absolut (= als ausschließlich geographischer Raum) noch als relativer Raum (= reiner Handlungsraum) verstanden, sondern sie werden relational definiert als ein „ständig (re)produziertes Gewebe sozialer Praktiken" (Reutlinger 2015, S. 607).

Der relationale Charakter des Sozialraumes wird für die Sozialpädagogik durch die Denkfiguren „Aneignung" und „Bildung" erschlossen: „Die Übertragung des tätigkeitsorientierten Aneignungskonzeptes führt zu einer Verbindung von Aneignung und Raum, das sich sehr fruchtbar auf die Bildungsdiskussion anwenden lässt […]. Räume werden darin als Möglichkeitsräume verstanden, weil die in ihnen eingelagerten gesellschaftlichen Sinngebungen vom Subjekt erschlossen werden müssen, bzw. Kinder und Jugendliche Orten und Räumen einen eigenen Sinn geben und so ihre Lebenswelt erschließen" (Deinet 2004, S. 113).

Das Grundmuster der Aneignung kann mit den folgenden Punkten gekennzeichnet werden: eigentätige Auseinandersetzung mit der Umwelt, kreative Gestaltung von Räumen, Erweiterung von Handlungsmöglichkeiten und -räumen, Veränderung vorhandener Arrangements und Erprobung eines erweiterten Verhaltensrepertoires. Wenn Aneignungsprozesse in dieser Weise erfolgen, so werden damit umfassende Bildungsprozesse auf einer kognitiven, emotionalen und sozialen Ebene angestoßen.

Die sozialräumliche Perspektive der Kinder- und Jugendarbeit macht sie zu einem Akteur im Sozialraum, in dem junge Menschen aktiv als Handelnde in die Gestaltung des Sozialraumes, nämlich ihrer Lebenswelt, einbezogen werden (vgl. Faulde 2021). Darüber hinaus eröffnet ein sozialräumlicher Blick Möglichkeiten zur Kooperation mit Schulen und eine Einbindung der Kinder- und Jugendarbeit in das Netzwerk kommunaler Bildungslandschaften (vgl. Deinet 2013).

7.4 Fazit

Die drei skizzierten Theoriekonzepte formulieren jeweils keine eigenständige Theorie der Kinder- und Jugendarbeit, die umfassend das komplette Handlungsfeld abbildet. Vielmehr sind die Theoriekonzepte pragmatische Ansätze einer wissenschaftlichen Annäherung an ein äußerst vielschichtiges Handlungsfeld. Die Bezugspunkte Subjekt, Lebenswelt und Sozialraum sind als Paradigmen einzuordnen, die theoretische Impulse zur Vermessung der Konturen sozialpädagogischer Bildung liefern und Ansatzpunkte für eine qualifizierte Konzeptentwicklung in der Bildungspraxis bieten.

Die drei Theoriekonzepte stehen nicht in Konkurrenz zueinander, sondern sie ergänzen sich wechselseitig. Obgleich sie jeweils eigenen Theorietraditionen folgen sind die Ansätze in der sozialpädagogischen Bildungspraxis häufig eng miteinander verknüpft und gehen teilweise im pädagogischen Alltag ineinander über.

Beim Vergleich der drei Theoriekonzepte fällt auf, dass die Herstellung, Erweiterung und Festigung einer individuellen Handlungsfähigkeit im Kontext gesellschaftlicher Herausforderungen stets im Vordergrund stehen. Für die Bewältigung dieser Herausforderungen gewinnen Bildungsprozesse eine herausragende Bedeutung. Bildung ermöglicht ein selbstständiges, eigenverantwortliches Handeln; Bildung schafft die erforderlichen Voraussetzungen für den Einzelnen, um handlungsfähig zu werden und dauerhaft – auch in Konflikten und Krisen – eigenverantwortlich Entscheidungen treffen und entsprechend handeln zu können.

Eine weitere Leistung der Theoriekonzepte besteht darin, dass sie eine Anschlussfähigkeit zu aktuellen wissenschaftlichen Diskursen in den Sozialwissenschaften, der Erziehungswissenschaft und der Wissenschaft Sozialer Arbeit herstellen. Dieser Zusammenhang ist für den Ausweis der Fachlichkeit und Qualität sozialpädagogischer Bildung im Handlungsfeld der Kinder- und

Jugendarbeit – insbesondere in der Zusammenarbeit mit anderen Professionen und Disziplinen – von besonderer Relevanz.

Literaturhinweise zur Vertiefung

Grunwald, Klaus; Thiersch, Hans (Hrsg.) (2016): Praxishandbuch Lebensweltorientiere Soziale Arbeit. Handlungszusammenhänge und Methoden in unterschiedlichen Arbeitsfeldern. 3. völlig überarbeitete Aufl. Weinheim und Basel: Beltz Juventa.

Rahn, Sebastian (2020): Theorien und Theoriekonzepte in der Kinder- und Jugendarbeit. In: Meyer, Thomas; Patjens, Rainer (Hrsg.): Studienbuch Kinder- und Jugendarbeit. Wiesbaden: Springer Verlag VS. S. 15–42.

Reutlinger, Christian (2015): Sozialräumliche Sozialisation. In: Hurrelmann, Klaus et al. (Hrsg.): Handbuch Sozialisationsforschung. 8. vollständig überarbeitete Aufl. Weinheim und Basel: Beltz Juventa. S. 606–627.

Scherr, Albert (2021a): Subjektorientierte Offene Kinder- und Jugendarbeit. In: Deinet, Ulrich et al. (Hrsg.): Handbuch Offene Kinder- und Jugendarbeit. 5. völlig neugestaltete Aufl. Wiesbaden: Springer VS. Bd. 1. S. 639–652.

Thole, Werner et al. (2021): Die Kinder- und Jugendarbeit. Einführung in ein Arbeitsfeld der sozialpädagogischen Bildung. 2. grundlegend überarbeitete Aufl. Weinheim und Basel: Beltz Juventa.

8. Rechtliche Grundlagen

Die Handlungsfelder der Kinder- und Jugendarbeit werden durch rechtliche Regelungen auf unterschiedlichen Ebenen geprägt.

8.1 Bundesebene

Das Gesetz zur Neuordnung des Kinder- und Jugendhilferechtes (KJHG) wurde vom Deutschen Bundestag im Jahr 1990 verabschiedet. Da in den Folgejahren erhebliche Veränderungen eintraten, waren mehrfache Novellierungen erforderlich. In diesem Rahmen wurden die Gesetze zur Kinder- und Jugendhilfe aktualisiert und in eine neue Systematik der Sozialgesetzbücher (SGB) eingefügt. Die jüngste rechtliche Weiterentwicklung der Kinder- und Jugendhilfe erfolgte 2021 mit der Verabschiedung des Kinder- und Jugendstärkungsgesetzes (KJSG). Das Ziel dieser Gesetzesnovellierung ist die schrittweise Einführung einer inklusiven Kinder- und Jugendhilfe, die Hilfen und Unterstützungsleistungen für junge Menschen mit und ohne Behinderung in *einem* Rechtssystem, dem SGB VIII, vereint (vgl. Wiesner et al. 2022, S. 1 f.).

Alle bundeseinheitlich gültigen Rechtsgrundlagen für die Kinder- und Jugendhilfe werden im SGB VIII zusammengefasst. Da die Kinder- und Jugendarbeit ein Teil der Kinder- und Jugendhilfe ist, befinden sich alle Rechtsgrundlagen zu den Zielen, Strukturen, Angeboten und Leistungen der Kinder- und Jugendarbeit im SGB VIII (vgl. Struck 2016).

Der Gesetzgeber möchte mit dem Bundesgesetz gleiche Lebensbedingungen für alle Kinder, Jugendlichen und deren Familien im gesamten Bundesgebiet gewährleisten. Dennoch existieren de facto regionale Disparitäten, d. h. die sozialen und politischen Bedingungen für das Aufwachsen junger Menschen sind in den Ländern und Kommunen unterschiedlich; die entsprechenden Debatten sind ein Dauerthema in vielen gesellschaftspolitischen Diskussionen.

Im ersten Kapitel des SGB VIII werden allgemeine Grundlagen der Kinder- und Jugendhilfe formuliert, die auch für das Handlungsfeld der Kinder- und Jugendarbeit von grundsätzlicher Bedeutung sind:

§ 1 Recht auf Erziehung, Elternverantwortung, Jugendhilfe
§ 2 Aufgaben der Jugendhilfe
§ 3 Freie und öffentliche Jugendhilfe
§ 4 Zusammenarbeit der Träger
§ 8 Beteiligung von Kindern und Jugendlichen
§ 8a Schutzauftrag bei Kindeswohlgefährdung
§ 8b Fachliche Beratung und Begleitung zum Schutz von Kindern und Jugendlichen
§ 9 Grundrichtung der Erziehung: Gleichberechtigung von jungen Menschen

Im zweiten Kapitel des SGB VIII werden einzelne Leistungsfelder der Kinder- und Jugendhilfe ausführlich beschrieben. Das Angebotsspektrum der Kinder- und Jugendarbeit umfasst nach dem SGB VIII die folgenden vier Bereiche:

§ 11 Jugendarbeit
§ 12 Förderung der Jugendverbände
§ 13 Jugendsozialarbeit
§ 13a Schulsozialarbeit
§ 14 Erzieherischer Kinder- und Jugendschutz

Im fünften Kapitel des SGB VIII wird die Rahmenstruktur der Kinder- und Jugendhilfe definiert, und es werden strukturelle Grundlagen auch für das Handlungsfeld der Kinder- und Jugendarbeit festgeschrieben: Der öffentliche Träger der Kinder- und Jugendhilfe ist nach § 69 SGB VIII verpflichtet, ein Jugendamt für den Landkreis und – bei einer größeren Einwohnerzahl auch – für eine Stadt einzurichten. Die Aufgaben des Jugendamtes werden nach § 70 SGB VIII durch den Jugendhilfeausschuss als politische Vertretung der Kommune und durch die Verwaltung des Amtes wahrgenommen.

Die Gesamtverantwortung für die Kinder- und Jugendarbeit obliegt nach § 79 SGB VIII der öffentlichen Kinder- und Jugendhilfe. Besonders hervorzuheben ist die Gesamtverantwortung des öffentlichen Trägers für die Qualität der Angebote (§ 79a) und die Planungsverantwortung für die Erfüllung der gesetzlich vorgegebenen Aufgaben (§ 80 Jugendhilfeplanung). D.h. konkret, das Jugendamt des Kreises und – soweit vorhanden – das städtische Jugendamt haben in Abstimmung mit den freien Trägern dafür Sorge zu tragen, dass bedarfsgerechte Angebote für junge Menschen mit entsprechender fachlicher Qualität bereitgestellt und auch in Zukunft angeboten werden können.

Angesichts kontroverser Diskussionen um die Finanzierung der Aufgabenerfüllung der Kinder- und Jugendhilfe ist festzustellen, dass die gesetzlich genannten Handlungsfelder der Kinder- und Jugendarbeit dem Leistungskapitel des SGB VIII zugeordnet sind; d.h. der Gesetzgeber betrachtet die Kinder- und Jugendarbeit nicht als ein freiwilliges Angebot, sondern es ist eine verpflichtende Leistung, die zu erbringen ist (vgl. Bernzen 2018, S. 137f.).

Zwecks einer zielgerichteten Steuerung der Kinder- und Jugendarbeit verfügt das Bundesjugendministerium über einen Kinder- und Jugendplan des Bundes (KJP). Dieser hat die Aufgabe – jenseits der Zuständigkeiten und Möglichkeiten einzelner Bundesländer und Kommunen – übergreifende Infrastrukturen zu fördern, wie z.B. die Arbeit des Bundesjugendringes und seiner bundeszentralen Mitgliedsverbände (vgl. Brosche 2017). Darüber hinaus wird durch den Kinder- und Jugendplan des Bundes die Entwicklung und Erprobung von überregionalen Modellen und Projekten gefördert, die Innovationen für das Handlungsfeld der Kinder- und Jugendarbeit erwarten lassen. Ein Beispiel ist das Projekt „16 Wege zu mehr Jugendgerechtigkeit – Gelingensbedingungen für jugendgerechte Kommunen". In diesem Projekt wurden – in verschiedenen Kreisen und Städten – die Möglichkeiten zur Jugendbeteiligung untersucht und praktische Wege entwickelt und erprobt (vgl. Grebe u.a. 2021).

8.2 Landesebene

Nach § 15 SGB VIII haben die Bundesländer die Möglichkeit, die vier Leistungsfelder zur Kinder- und Jugendarbeit (§ 11 bis 14: Jugendarbeit, Jugendverbandsarbeit, Jugendsozialarbeit und erzieherischer Kinder- und Jugendschutz) näher durch landesbezogene Ausführungsgesetze zu regeln. Die überwiegende Anzahl der Bundesländer hat dies im Rahmen von Jugendfördergesetzen (z.B. NRW und Niedersachsen) oder Jugendbildungsgesetzen (z.B. Baden-Württemberg) realisiert.

Die landesbezogenen Ausführungsgesetze schaffen darüber hinaus die Möglichkeit, spezifische Schwerpunkte im jeweiligen Bundesland zu setzen, z.B. in der Medienbildung oder in der Kooperation zwischen Jugendarbeit und Schule. Neben den inhaltlichen Akzentsetzungen haben die Landesgesetze die Funktion, Eckpunkte für die finanzielle Förderung der Kinder- und Jugendarbeit zu formulieren. Diese bilden die Grundlage zum jeweiligen Landesförderplan für die Kinder- und Jugendarbeit. Dieses landesbezogene Förderinstrument schafft die Voraussetzung für den Aufbau und Erhalt spezifischer Infrastrukturen für Jugendverbände (z. B. Landesjugendring) und für die Arbeit von einschlägigen Fachstellen (z. B. für Mädchen- und Jungenarbeit, Jugendkulturarbeit, erzieherischer Kinder- und Jugendschutz, usw.).

Die landesbezogenen Ausführungsgesetze können fachliche Standards zur Qualitätsentwicklung in der Kinder- und Jugendarbeit formulieren, die sich auf pädagogische Konzepte, die Sach- und Personalausstattung einschließlich der Qualifikation des pädagogischen Personals beziehen.

Die Bundesländer haben jeweils ein Landesjugendamt als oberste Landesjugendbehörde eingerichtet; dieses berät und unterstützt die kommunalen Jugendämter in Kreisen und Städten (vgl. Bernzen 2021).

8.3 Kommunale Ebene

Wenn von örtlichen öffentlichen Trägern der Kinder- und Jugendarbeit die Rede ist, so handelt es sich um Kreise, Städte und Gemeinden. Sie stellen viele Angebote und Einrichtungen der Offenen Kinder- und Jugendarbeit bereit; sie initiieren Projekte und Maßnahmen für verschiedene Zielgruppen mit unterschiedlichen inhaltlichen Schwerpunkten. Ein großer Anteil der Kinder- und Jugendarbeit wird auf kommunaler Ebene von öffentlichen und freien Trägern realisiert.

Auf der Grundlage der gesetzlichen Vorgaben des SGB VIII und der Ausführungsgesetze des jeweiligen Bundeslandes werden die allgemeinen Bedingungen für die Kinder- und Jugendarbeit im Rahmen eines kommunalen Kinder- und Jugendförderplanes für den jeweiligen Kreis oder die Stadt konkretisiert und an die örtlichen Bedarfe und Gegebenheiten angepasst. Der kommunale Kinder- und Jugendplanförderplan wird im Jugendhilfeausschuss – in Abstimmung mit freien Trägern – verabschiedet. Die Aufgabe der örtlichen Verwaltung besteht darin, sich – in Zusammenarbeit mit freien Trägern – um die jeweilige Realisierung zu kümmern.

Mit einem kommunalen Kinder- und Jugendförderplan werden fachliche Schwerpunkte entsprechend § 11 bis § 14 SGB VIII (Jugendarbeit, Jugendverbandsarbeit, erzieherischer Kinder- und Jugendschutz sowie Jugendsozialarbeit) gesetzt. Für die kommunale Ebene bedeutet dies z. B. konkret, welche Präventionsmaßnahmen sollen für die Laufzeit des Kinder- und Jugendförderplanes durch besondere Projekte in der Stadt und im Kreisgebiet im Mittelpunkt stehen? Und welche Maßnahmen sollen z. B. in einer Kooperation von Schulen mit örtlichen Betrieben durchgeführt werden, damit für Jugendliche der Übergang von der Schule in eine Berufsausbildung gelingt (vgl. Minderop 2014).

Auf der kommunalen Ebene realisiert sich auch der Anspruch nach Bildung von Arbeitsgemeinschaften zwischen öffentlichen und freien Trägern der Kinder- und Jugendhilfe gemäß § 78 SGB VIII. Die Arbeitsgemeinschaften haben die gesetzlich geforderte Aufgabe, Angebote unterschiedlicher Akteure miteinander abzustimmen und diese so zu konzipieren, dass sie sich gegenseitig sinnvoll ergänzen, aber nicht doppeln.

Die Gesamtverantwortung für Angebote der Kinder- und Jugendhilfe haben nach § 79 SGB VIII die Träger der öffentlichen Kinder- und Jugendhilfe wahrzunehmen, also die Kreise, Städte und Gemeinden; die Verantwortung umfasst die Quantität und Qualität des Angebotes. Ausgehend von den Interessen und Bedarfen der Adressaten einerseits und den Ressourcen der Träger andererseits sind im Rahmen der Jugendhilfeplanung nach § 80 SGB VIII die gesetzlichen und fachlichen Standards miteinander in Verbindung zu setzen und in einer Gesamtplanung zusammenzuführen. Mit der Erstellung eines kommunalen Kinder- und Jugendförderplanes werden die gesetzlichen Ansprüche aus dem SGB VIII auf der kommunalen Ebene realisiert (vgl. Marquard 2016).

Literaturhinweise zur Vertiefung

Bernzen, Christian (2021): Rechtliche Grundlagen der Offenen Kinder- und Jugendarbeit im Bundes- und Landesrecht. In: Deinet, Ulrich et al. (Hrsg.): Handbuch Offene Kinder- und Jugendarbeit. 5. vollständig neugestaltete Aufl. Wiesbaden: Springer VS. Bd. 3. S. 1815–1828.

Bernzen, Christian; Bruder, Anna-Maria (2018): Rechtliche Grundlagen der Kinder- und Jugendhilfe. In: Böllert, Karin (Hrsg.): Kompendium Kinder- und Jugendhilfe. Wiesbaden: Springer VS. Bd. 1. S. 131–164.

Lindner, Werner; Pletzer, Winfried (Hrsg.) (2017): Kommunale Jugendpolitik. Weinheim und Basel: Beltz Juventa.

Marquard, Peter (2016): Jugendamt. In: Schröer, Wolfgang et al. (Hrsg.): Handbuch Kinder- und Jugendhilfe. 2. überarbeitete Aufl. Weinheim und Basel: Beltz Juventa. S. 683–701.

Wiesner, Reinhard et al. (Hrsg.) (2022): SGB VIII Kinder- und Jugendhilferecht. 6. Aufl. München: C.H. Beck.

9. Organisationsformen und Trägerstrukturen

„Die heutige plurale Landschaft an Trägern und Institutionen der Kinder- und Jugendarbeit ist das Resultat eines historischen Entwicklungsprozesses, bei dem von Beginn an Trägeraktivitäten, staatliche Interessen, aber auch das Engagement Jugendlicher und die Aushandlungsprozesse lokaler Akteure vor Ort eine Rolle spielten. Auch wenn historisch die staatlich-kommunale Jugendpflege als Wurzel der offenen Kinder- und Jugendarbeit von der verbandlichen Tradition unterschieden werden muss, so lässt sich diese Trennlinie heutzutage nicht mehr so deutlich ziehen“ (BMFSFJ 2017, S. 370). Gleichwohl wird die aktuelle Landschaft der Kinder- und Jugendarbeit von zwei Handlungsfeldern geprägt, die konzeptionelle, professionelle und methodische Gemeinsamkeiten aufweisen, aber dennoch unterschiedlichen Strukturlogiken folgen.

9.1 Kinder- und Jugendarbeit in Vereinen und Verbänden

Die verbandliche Kinder- und Jugendarbeit zeichnet sich durch ein außerordentlich heterogenes Spektrum von ca. 30 Jugendverbänden mit unterschiedlichsten religiösen, politischen, sportlichen, kulturellen und ökologischen Wertorientierungen aus (vgl. Deutscher Bundesjugendring 2012). Jeder Verband und Verein wird durch freiwillige Mitglieder getragen; jede Organisation ist gekennzeichnet durch ein hohes Maß an ehrenamtlichem Engagement in selbstorganisierten Gruppen, Projekten und Gremien. Wenige hauptamtliche Mitarbeiterinnen und Mitarbeiter nehmen vorwiegend im Rahmen überregionaler Organisationsstrukturen die operative Geschäftsführung und häufig auch die politische Außenvertretung für den Verband und Verein wahr. Fast alle Organisationen sind föderal aufgebaut; neben der lokalen und regionalen Arbeit vor Ort, bilden die Landes- und Bundesebene einen institutionellen Rahmen für die Steuerung der Verbandsentwicklung.

Im Mittelpunkt der praktischen Arbeit steht die pädagogische Beziehung zwischen Kindern und Jugendlichen und etwa gleichaltrigen bzw. geringfügig älteren Ehrenamtlichen im Rahmen regelmäßiger, häufig wöchentlicher Gruppentreffen. Die Gruppen werden vorwiegend ehrenamtlich von engagierten Mitgliedern des Vereins geleitet, die durch Gruppenleiterschulungen für diese Aufgabe qualifiziert werden. Die standardisierte Ausbildung ehrenamtlicher Gruppenleiter umfasst die Teilnahme an einem Grund- und Aufbau-Kurs; sie schließt – in der Regel – mit dem Erwerb der Jugendleiter-Card ab.

Neben regelmäßigen Gruppentreffen führen Jugendverbände und Vereine – häufig punktuell – unterschiedliche themenbezogene Projekte in Form von Bildungsveranstaltungen, Begegnungs- und Studienreisen sowie Aktionswochen und Ferienfreizeiten durch.

Die Zahl junger Menschen, die mit Angeboten der Jugendverbände aktuell erreicht wird, ist strittig, da es keinen Konsens darüber gibt, wie die Angebote der Sportvereine zu bewerten sind. Es ist aber eine Tendenz erkennbar, dass – mit Ausnahme von Sportvereinen – Jugendverbände in hohem Maße primär junge Menschen aus bürgerlichen Milieus ansprechen (vgl. BMFSFJ 2017, S. 384f.).

9.2 Offene Kinder- und Jugendarbeit

Die Angebote der Offenen Kinder- und Jugendarbeit, z.B. in Jugendzentren, -Treffs und -Cafés, sind nicht an Mitgliedschaften gebunden, sondern sie sind für alle interessierten jungen Menschen jederzeit frei zugänglich; es sind niederschwellige Angebote, die – in der Regel – ohne vorherige Anmeldung nutzbar sind. Die Angebote werden in der Regel von örtlichen Einrichtungen unterschiedlicher Größe und mit variierender Sach- und Personalausstattung bereitgestellt. Sozialpädagogische Fachkräfte leiten die Einrichtung, indem sie konzeptionell die pädagogische Arbeit planen, durchführen und evaluieren; dies geschieht vielfach auch in Zusammenarbeit mit ehramtlichen und nebenamtlichen Kräften.

Viele Einrichtungen der Offenen Kinder- und Jugendarbeit stellen sozialräumliche Arbeitskonzepte in den Mittelpunkt, d.h. konkret, die Schwerpunkte und Aktivitäten der Einrichtung orientieren sich am jeweiligen städtischen oder ländlichen Umfeld der Einrichtung sowie deren spezifischen sozialräumlichen Gegebenheiten. Mit dieser Ausrichtung wird einerseits eine lebensweltliche Unterstützung bei der Bewältigung von individuellen Problemen in der Familie, Freundeskreis, Schule, Ausbildung oder Beruf angestrebt, andererseits werden ebenso Lösungsimpulse aus dem Sozialraum mit seinen je besonderen Potenzialen erwartet; sie sollen die Bewältigung individueller lebensweltlicher Probleme unterstützen.

Neuere Untersuchungen weisen darauf hin, dass Einrichtungen der Offenen Kinder- und Jugendarbeit besonders von sozial benachteiligten männlichen Jugendlichen aus bildungsfernen Milieus besucht werden, die mit spezifischen Problemen der Lebensbewältigung (z. B. Migrationserfahrungen, Schul- und Ausbildungsprobleme, mangelnde berufliche Perspektiven usw.) den Alltag vieler Einrichtungen bestimmen (vgl. BMFSFJ 2017, 384). Weiterhin weisen zahlreiche empirische Belege darauf hin, dass Kinder von sechs bis neun Jahren, teils sogar noch jüngere, an einer Nachmittagsbetreuung in Kooperation mit einer Schule teilnehmen (vgl. Seckinger et al. 2016).

9.3 Öffentliche und freie Träger der Kinder- und Jugendarbeit

Die Trägerlandschaft der Kinder- und Jugendarbeit gliedert sich in zwei Hauptbereiche:

- Öffentliche Träger sind kommunale Jugendämter in der Stadt oder im Kreis.
- Freie Träger sind Jugend- und Wohlfahrtsverbände, Kirchen, Vereine und sonstige Initiativen.

Das Verhältnis zwischen öffentlichen und freien Träger wird durch das Grundprinzip der Subsidiarität bestimmt: Der Begriff „Subsidiarität" klärt die Aufgabenverteilung zwischen den einzelnen Gliedern des Gemeinwesens und übergeordneten staatlichen Institutionen. Das Subsidaritätsprinzip regelt Hilfeleistungen in einer Stufenfolge von unten nach oben: Die jeweils kleineren sozialen Einheiten (Individuum, Familie, Vereine und Gruppen) haben das Recht und die Pflicht, all das zu tun, was sie aus eigener Kraft zu leisten vermögen. Die übergeordneten staatlichen Organisationen, Stadt und Kreis, Land und Bund, sollen die Eigentätigkeit und Eigenverantwortung der kleineren sozialen Einheiten unterstützen und fördern (vgl. Rätz et al. 2014, S. 226).

Das Subsidiaritätsprinzip ist ein Instrument zur staatlichen Steuerung der Kinder- und Jugendarbeit, das der Vielfalt und Unterschiedlichkeit individueller Bedürfnisse und sozialer Interessen in hohem Maße gerecht wird und einer staatlichen Zentralisierung von Angeboten und Leistungen wirksam entgegensteht.

In der Praxis des Handlungsfeldes Offene Kinder- und Jugendarbeit werden aktuell ca. 2/3 aller Einrichtungen durch freie Träger geführt und ca. 1/3 aller Einrichtungen befinden sich in öffentlicher Trägerschaft (vgl. BMFSJF 2017, S. 370).

Zur Qualitätssicherung von Angeboten freier Träger im Rahmen der Kinder- und Jugendarbeit ist eine Anerkennung als freier Träger durch die Verwaltung (= Jugendamt) und die Kommunalpolitik (= Jugendhilfeausschuss) erforderlich (vgl. § 75 SGB VIII).

Öffentliche und freie Träger sind im Rahmen von Arbeitsgemeinschaften zur konzeptionellen Zusammenarbeit und wechselseitiger Abstimmung verpflichtet, um ein quantitativ ausreichendes und qualitativ hochwertiges Angebot sicherzustellen (§ 79 SGB VIII).

Die Trägerlandschaft zwischen Ost- und Westdeutschland weist erhebliche, historisch bedingte Entwicklungsunterschiede auf, die vor allem im Spektrum freier Träger sichtbar wird (vgl. BMFSJF 2020, S. 371).

Im Gegensatz zum Bereich der „Hilfen zur Erziehung“ und zum Bereich „Gesundheit und Pflege“ hat in der Kinder- und Jugendarbeit bisher kaum eine Privatisierung der Leistungsangebote durch privatgewerbliche Träger stattgefunden (vgl. BMFSFJ 2017, S. 370f.).

Literaturhinweise zur Vertiefung

Bundesministerium für Familie, Senioren, Frauen und Jugend (BMFSFJ) (Hrsg.) (2017): 15. Kinder- und Jugendbericht, Bericht über die Lebenssituation junger Menschen und die Leistungen der Kinder- und Jugendhilfe in Deutschland. Berlin 2017.

Jordan, Erwin et al. (2015): Kinder- und Jugendhilfe. Einführung in die Geschichte und Handlungsfelder, Organisationsformen und gesellschaftliche Problemlagen. 4. überarbeitete Aufl. Weinheim und Basel: Beltz Juventa.

Mund, Petra (2019): Grundkurs Organisation(en) in der Sozialen Arbeit. München: Ernst Reinhardt Verlag.

Wiesner, Reinhard et al. (Hrsg.) (2022): SGB VIII Kinder- und Jugendhilferecht. 6. Aufl. München: C.H. Beck.

10. Inhaltliche Schwerpunkte außerschulischer Jugendbildung

Wenn von außerschulischer Jugendbildung gesprochen wird, so ist zunächst zu klären, was mit dem Begriff bezeichnet wird. Außerschulische Jugendbildung hat mit § 11 Abs. 3 SGB VIII einen eigenen Rechtsrahmen erhalten und kann auf eine lange historische Tradition verweisen, die mit den preußischen Jugendpflegeerlassen (ab 1901) begann, über das Reichsjugendwohlfahrtsgesetz (RJWG) der Weimarer Zeit, das Jugendwohlfahrtsgesetz (JWG) und das Kinder- und Jugendhilfegesetz (KJHG) bis zum gegenwärtigen Kinder- und Jugendplan (KJP) des Bundes als Förderinstrument reicht.

Die außerschulische Jugendbildung ist einerseits ein Teil der Kinder- und Jugendarbeit, andererseits hat dieses Feld auch eine eigene, abgrenzbare Angebotsstruktur als non-formelles Bildungsangebot. Nach § 11 Abs. 3 SGB VIII gehören zu den Schwerpunkten der Jugendarbeit die „außerschulische Jugendbildung mit allgemeiner, politischer, sozialer, gesundheitlicher, kultureller, naturkundlicher und technischer Bildung“. In der neueren Geschichte hat sich dazu ein vielfältiges Spektrum von außerschulischen Strukturen und Trägern mit verschiedenen Bildungsorten und -angeboten entwickelt, die vor allem von dem Gedanken der Aufklärung und Vernunft, der Kritikfähigkeit und Demokratie, vom Subjekt und dessen Emanzipation getragen und gerahmt werden (vgl. Hafeneger 2011, S. 36f.).

Diese Merkmale bilden zugleich den Kern des Selbstverständnisses non-formeller außerschulischer Jugendbildung und unterscheiden sich deutlich von formalen Bildungsprozessen in schulischen Kontexten und den primär informellen Bildungsprozessen in anderen Bereichen der Kinder- und Jugendarbeit.

Die Schule ist eine Institution zum Erwerb formaler Bildung, die auf der Grundlage von ministeriell verfassten Lehrplänen und standardisierten Lehr-Lern-Formaten formale Qualifikationen vermittelt; diese entscheiden über die Zugänge in die Berufs- und Arbeitswelt. Während formale Bildung in eigens dazu eingerichteten Organisationen (Schule, Hochschule und Ausbildung) mit standardisierten und verpflichtenden Lernarrangements erfolgt, erstreckt sich die informelle Bildung auf ungeplante und nicht intendierte, situative und beiläufige Lern- und Bildungsprozesse, die sich als natürliche

Begleiterscheinungen im Alltag von Familie, Nachbarschaft, Peers, Arbeit und Freizeit ergeben. Informelles Lernen ist nicht organisiert und geschieht freiwillig.

Non-formelle Bildungsangebote sind Formen organisierter Bildung im Rahmen freiwilliger Angebote außerhalb des formalen Bildungs- und Ausbildungssystems. Es sind Seminare, Workshops, Fortbildungen und Schulungen von unterschiedlichen Trägern, Verbänden und Vereinen. Die Teilnahme erfolgt auf der Basis einer freiwilligen Entscheidung. Non-formelle Bildungsangebote finden ohne eine individuelle Leistungsbewertung statt und führen zu keinem berufsqualifizierenden Abschluss; sie haben aber oftmals einen ergänzenden Charakter zum formalen Bildungs- und Ausbildungssystem und werden teilweise auch zertifiziert.

Die Grenzen zwischen non-formeller und informeller außerschulischer Jugendbildung weisen in der Praxis der Kinder- und Jugendarbeit zahlreiche Unschärfen auf. Insbesondere im Bereich der Offenen Kinder- und Jugendarbeit variiert der Grad systematischer Planung und Organisation von Lern- und Bildungsprozessen stark. Vielfach besteht hier das Bildungsangebot in der Bereitstellung eines Raumes für informelle Kontakte und Begegnungen oder für eigene kulturelle Aktivitäten bzw. Produktionen. Manche Einrichtungen der Offenen Kinder- und Jugendarbeit entwickeln aber auch eigenständige inhaltliche Programmangebote auf der Grundlage detailliert ausgearbeiteter methodisch-didaktischer Konzepte.

Die folgenden Schwerpunkte charakterisieren verschiedene Grundmuster außerschulischer Jugendbildung in Anlehnung an § 11 Abs. 3 SGB VIII. Sie sind mit unterschiedlichen inhaltlichen Ausprägungen und verschiedenen methodisch-didaktischen Konzepten insbesondere in der Praxis verbandlicher Jugendarbeit, teilweise aber auch im Alltag der Offenen Kinder- und Jugendarbeit zu identifizieren:

Politische Bildung: Der inhaltliche Schwerpunkt ist die Partizipation und Teilhabe junger Menschen am gesellschaftlichen Leben im Dorf und in der Stadt, im Verein und Verband sowie in der nationalen Politik als auch in globalen politischen Zusammenhängen. Politische Bildung soll junge Menschen zu demokratischem Denken und Handeln befähigen und dazu anregen, Gesellschaft und Staat mitzugestalten sowie eine Bereitschaft zur Übernahme von Verantwortung fördern. Aktuelle Schlüsselbegriffe in diesem Kontext sind z.B. der Erwerb einer Medienkompetenz, Bildung für Nachhaltigkeit, Gendergerechtigkeit und Demokratiebildung. Politische Bildung wird in Vereinen und Verbänden sowie in Einrichtungen der Offenen Kinder- und Jugendarbeit angeboten.

Internationale Jugendbildung: Die internationale Kinder- und Jugendarbeit bietet viele Möglichkeiten, andere Kontinente, Kulturen und Länder kennenzulernen, fremde Sprachen zu erlernen, Vorurteile abzubauen und einen Beitrag zur internationalen Verständigung und Friedenssicherung zu leisten. Studienfahrten, Workcamps und internationale Begegnungen – häufig auch im Rahmen von (Städte-)Partnerschaften – bieten vielfältige Lern- und Bildungspotenziale besonders im Bereich politischer, kultureller und sozialer Bildung. Mithilfe des Freiwilligendienstes „weltwärts" werden Ziele eines globalen, entwicklungspolitischen Lernens angestrebt. Und mithilfe des EU-Programms „Erasmus + Jugend" wird das Zusammenwachsen der europäischen Länder durch internationale Begegnungsprojekte zielgerichtet gefördert.

Naturkundliche/ökologische Bildung: Klimawandel, Gefährdung der biologischen Vielfalt (Biodiversität), Verknappung der Ressourcen (Wasser und Boden) sind nur wenige Stichworte, die das thematische Spektrum ökologischer Bildung andeuten. In der aktuellen Fachdiskussion werden diese Aspekte mit dem Begriff „Bildung für nachhaltige Entwicklung (BNE)" zusammenfasst. Konzeptionell realisiert sich dieser Ansatz sowohl in kleinräumigen Projekten, wie z.B. den Bau von Nistkästen und Insektenhotels, als auch in der Auseinandersetzung mit globalen Themen, wie z.B. der Fleischproduktion und -konsum und der Mobilitätswende. Die Kinder- und Jugendarbeit des Bundes für Umwelt und Naturschutz Deutschlands (BUND) und der Naturschutzbund Deutschlands (NABU) setzen in diesem Bildungsbereich einen exklusiven Schwerpunkt. Aber auch viele andere Jugendverbände und Einrichtungen der Offenen Kinder- und Jugendarbeit befassen sich zunehmend mit Themen nachhaltiger Entwicklung.

Kulturelle Bildung: Im Mittelpunkt steht die aktive und kritische Auseinandersetzung mit künstlerischen Ausdrucks- und Gestaltungsformen sowie der Erwerb musikalischer, darstellender und gestaltender Fertigkeiten. Orte kultureller Bildung sind u.a. Musikschulen, Jugendkunstschulen, Museen, soziokulturelle Einrichtungen, Amateurtheatergruppen und Freilichtbühnen.

Soziale Bildung: Sie wird vor allem im Rahmen von Freiwilligen Diensten angeboten. Ein weitverbreitetes Format ist das Freiwillige Soziale Jahr (FSJ), indem eine praktische Tätigkeit im erzieherischen, pflegerischen oder hauswirtschaftlichen Bereich absolviert wird. Die praktischen Erfahrungen werden in einem umfangreichen pädagogischen Begleitprogramm reflektiert und vertieft. Das Freiwillige Soziale Jahr wird vielfach im Übergang zwischen Schule und Studium bzw. vor dem Ausbildungsbeginn absolviert, um sich für die Studien- und Berufswahl zu orientieren bzw. eine vorläufige Entscheidung zu überprüfen.

Religiöse Bildung: Inhaltliche Schwerpunkte religiöser Bildung sind grundsätzliche Fragen nach der Existenz des Menschen und nach dem Sinn des Lebens im Kontext religiöser Antworten. Die Auseinandersetzung mit Schlüsselproblemen unserer gegenwärtigen Epoche (z. B. Gewalt, Terror und Krieg) im Horizont religiöser Interpretation ist auch ein Beitrag zur religiösen Bildung. Sie wird vor allem von den Kirchen und Religionsgemeinschaften angeboten.

Gesundheitliche Bildung: Im Mittelpunkt stehen besonders die Bereiche Ernährung und Bewegung. Sie will Wissen über Grundlagen gesunder Ernährung und Kenntnisse über einen gesunden Lebensstil vermitteln. Die Auseinandersetzung mit den entsprechenden Fragestellungen liefert Impulse zur Reflexion und Überprüfung des eigenen Verhaltens und eröffnet alternative Handlungsmöglichkeiten. Die systematische Vorbereitung (Planung und Einkauf) und das Kochen einer warmen Mahlzeit sowie die anschließende gemeinsame Einnahme des selbstzubereiteten Essens gehört in vielen Einrichtungen der Offenen Kinder- und Jugendarbeit zum festen Programmangebot.

Technische Bildung: In der Landschaft der Kinder- und Jugendarbeit ist die technische Bildung ein Randphänomen. Dagegen steht sie in den Jugendfeuerwehren und beim Technischen Hilfswerk (THW) im Mittelpunkt. Junge Menschen werden hier altersbezogen an einen fachgerechten Einsatz technischer Geräte zur Gefahrenabwehr und zum Schutz von Menschen und bedrohten Objekten herangeführt.

Trotz der inhaltlichen Vielfalt einzelner Formate weist die außerschulische Jugendbildung im engeren Sinne – aus bildungstheoretischer Sicht – eine grundlegende Gemeinsamkeit auf: Sie thematisiert die eigene Person, den Aufbau einer Ich-Identität in den unterschiedlichsten Facetten und die Suche nach einem persönlichen Standort in der gegenwärtigen und zukünftigen gesellschaftlichen Wirklichkeit. Außerschulische Jugendbildung thematisiert ebenso gesellschaftliche Realitäten als Grundlage menschlicher Lebenswelten und stellt deren Gestaltungsmöglichkeiten in den Mittelpunkt; sie lädt zur aktiven Mitwirkung ein (vgl. Wischmeyer; Macha 2012).

Literaturhinweise zur Vertiefung

Coelen, Thomas; Gusinde, Frank (Hrsg.) (2011): Was ist Jugendbildung? Positionen – Definitionen – Perspektiven. Weinheim und Basel: Beltz Juventa.

Hafeneger, Benno (Hrsg.) (2013): Handbuch außerschulische Jugendbildung. Grundlagen, Handlungsfelder, Akteure. 2. erweiterte und ergänzte Aufl. Schwalbach/Taunus: Wochenschau-Verlag.

Wischmeyer, Inka; Macha, Hildegard (2012): Außerschulische Jugendbildung. Eine Einführung. München: Oldenbourg-Verlag.

11. Unterschiedliche Bildungsformate als Hilfe zur Lebensbewältigung

Bildungsprozesse in der Kinder- und Jugendarbeit beschränken sich nicht auf die im § 11 Abs. 3 SGB VIII explizit genannten Jugendbildungsformate: Allgemeine, politische, kulturelle, soziale, gesundheitliche, naturkundliche und technische Bildung. Außerschulische Jugendbildung in einem erweiterten Sinn erstreckt sich auf zahlreiche zusätzliche Handlungsfelder sozialpädagogischer Bildung mit Kindern und Jugendlichen, die unterschiedliche Schwerpunkte und verschiedene institutionellen Rahmungen aufweisen. Während die außerschulische Jugendbildung im engeren Sinn von einem emanzipatorischen Kern getragen wird, der eine Aufklärung über Macht, Herrschaft, Freiheit und Solidarität anstrebt und die Erweiterung der subjektiven Handlungsmöglichkeiten in den Mittelpunkt stellt, so tritt im Rahmen eines erweiterten Verständnisses von außerschulischer Jugendbildung die Dimension der Lebensbewältigung und die Befähigung zu einer eigenständigen Lebensführung in den Vordergrund und prägt den Schwerpunkt des jeweiligen methodisch-didaktischen Konzeptes.

Die folgenden Formate in Anlehnung an § 11 Abs. 3 SGB VIII charakterisieren wesentliche Bereiche der Kinder- und Jugendarbeit im Kontext des sozialpädagogischen Ansatzes der Lebensbewältigung nach Böhnisch (2019) (vgl. auch Stecklina/Wienforth 2020):

Sport, Spiel und Geselligkeit: Der Sport gehört zu den beliebtesten Freizeitbeschäftigungen von Jungen und Mädchen aller Altersstufen und aller sozialen Milieus. Der Sport hat viele Facetten und verfolgt verschiedene Ziele: Sport unterstützt die Gesundheit, fördert die Geselligkeit und initiiert zahllose informelle Bildungsprozesse. Die positiven Erfahrungen im Sport prägen das Selbstbewusstsein und Selbstwertgefühl; sie fördern die Aneignung und die Einübung sozialer Kompetenzen im Miteinander mit Gleichaltrigen und mit Erwachsenen, die hier häufig als Übungsleiter oder Trainer engagiert sind. Die Hauptakteure in diesem Bereich sind Vereine und Verbände; aber auch Einrichtungen der Offene Kinder- und Jugendarbeit veranstalten regelmäßige Sportevents, z. B. den „Mitternachtssport“.

Die besondere Chance sportbezogener Angebote besteht darin, dass diese auch Zugänge zu benachteiligen und verhaltensauffälligen Kindern und Jugendlichen eröffnen. Denn im Sport können sie individuelle Fähigkeiten und Fertigkeiten zeigen, die mit Anerkennung und Wertschätzung verbunden sind, die junge Menschen mit Beeinträchtigungen in der Familie, Schule oder Ausbildung nicht in der gewünschten Weise erhalten. Insofern leisten sportorientierte Angebote in der Kinder- und Jugendarbeit wichtige Beiträge zur Integration junger Menschen mit Migrationshintergrund und zur Inklusion von Jungen und Mädchen, die an den Rand der Gesellschaft gedrängt worden sind. Die Bedeutung dieser Beiträge kann nicht hoch genug eingeschätzt werden (vgl. Löwenstein et al. 2020).

Kinder- und Jugenderholung: Dieser Bereich umfasst alle Angebote in den Schulferien, die von den örtlichen Jugendämtern, Vereinen und Jugendverbänden, Kirchengemeinden und Wohlfahrtsverbänden durchgeführt werden. Die Maßnahmen und Projekte der Kinder- und Jugenderholung dienen einerseits der Gesundheitsförderung im umfassenden Sinn, andererseits haben sie auch die Funktion, Benachteiligungen bei Kindern und Jugendlichen aus belasteten Familien und prekären sozialen Verhältnissen entgegenzuwirken.

Die Gewährleistung der Betreuung von Kindern während der Schulferien ist in den vergangenen Jahren zunehmend bedeutsamer geworden, da vielfach beide Elternteile berufstätig sind und die Urlaubstage der Väter und Mütter häufig nicht mit den Schulferien deckungsgleich sind.

Die Angebote der Kinder- und Jugenderholung umfassen ein- bis mehrtägige Maßnahmen. Sie erstrecken sich oft über ein oder zwei Wochen und werden als Zeltlager, Ferienfreizeit oder als eine Fahrt mit einem Aufenthalt in einer Jugendherberge offen für interessierte Kinder und Jugendliche ausgeschrieben. Die Mitgliedschaft im Verein oder Kirchengemeinde ist in diesem Zusammenhang – in der Regel – nicht erforderlich (vgl. BMFSFJ 2017, S. 389).

Arbeitswelt-, schulbezogene und familienbezogene Jugendarbeit: Die arbeitsweltbezogene Jugendarbeit soll Jugendlichen Möglichkeiten eröffnen, die Berufswelt näher kennen zu lernen, um so die Berufsorientierung und -findung zielgerichtet zu unterstützen. Trotz entsprechender schulischer Programme bleiben für die betroffenen Jugendlichen häufig viele Fragen und Unsicherheiten offen, die vielfach auch vonseiten der Eltern nur ansatzweise oder häufig auch gar nicht beantwortet werden können. Angebote, Maßnahmen und Projekte der Jugendarbeit tragen zur Klärung – vor allem persönlicher Fragen – im Übergang von der Schule in die Berufswelt bei.

Die schulbezogene Jugendarbeit ist nicht mit der Schulsozialarbeit zu verwechseln. Ein wesentlicher Schwerpunkt der Schulsozialarbeit ist die individuelle Intervention bei Krisen und Konflikten sowie eine Hilfe bei persönlichen Problemen. Schulbezogene Jugendarbeit nimmt vor allem eine präventive Funktion wahr, indem sie durch geeignete Angebote das soziale Klima zwischen Schülern, Lehrern und Eltern in der Schule fördert sowie Präventionsangebote im Rahmen des erzieherischen Kinder- und Jugendschutzes entwickelt (vgl. Maykus 2013).

Die familienbezogene Jugendarbeit leistet Beiträge zur konstruktiven Konfliktbewältigung im familialen Zusammenleben, soweit diese unmittelbar und direkt mit der Rolle und dem Verhalten von Jugendlichen in Verbindung stehen. Darüber hinaus will familienbezogene Jugendarbeit junge Menschen auf ein späteres Zusammenleben in einer Familie vorbereiten.

Jugendberatung: Jugendliche mit besonderen Problemlagen (z. B. Alkohol, Drogen, Kriminalität, Wohnungslosigkeit) werden durch eine aufsuchende, mobile, stadtteilorientierte Jugendarbeit angesprochen. Der methodische Ansatz der Straßensozialarbeit/Streetwork kommt in diesem Zusammenhang eine besondere Bedeutung zu, wenn es gilt, einen Zugang und ersten Kontakt zu Jugendlichen zu finden, die von den klassischen Institutionen (Schule, Jugendamt, Arbeitsverwaltung) und auch vom Elternhaus nicht mehr erreicht werden (vgl. Kammerer 2017).

Jugendberatung ist ein niederschwelliges Beratungsangebot, bei dem eine außenstehende, unabhängige Person Hilfe und Unterstützung bei der Bewältigung individueller Probleme zur Verfügung stellt. Es besteht kein Abhängigkeitsverhältnis zwischen der beratenden Person und dem Jugendlichen. So bleibt es die freie Entscheidung des Jugendlichen, ob er/sie die Hilfe annimmt, ablehnt oder nur teilweise auf die Unterstützung eingeht.

Erzieherischer Kinder- und Jugendschutz: Der erzieherische Kinder- und Jugendschutz ist eine Querschnittsaufgabe, die alle Handlungsfelder der Kinder- und Jugendarbeit durchzieht. Das gemeinsame Ziel aller pädagogischen Bemühungen besteht darin, junge Menschen zu befähigen, eigenverantwortlich mit Risiken und Gefahren beim Aufwachsen umzugehen. Die inhaltlichen Schwerpunkte von Präventionskonzepten erstrecken sich häufig auf Suchtprobleme (Alkohol, Drogen und Spiel), den Umgang mit Aggressionen und Gewalt sowie extremistische Ideologien (vgl. Nikles 2018; Rahner 2020).

Sozialpädagogische Bildungsprozesse als Hilfe zur Lebensbewältigung in den hier genannten Formaten bieten jungen Menschen Räume und Gelegenheiten, sich vor dem Hintergrund ihrer persönlichen Lebenserfahrungen, auf der Grundlage ihrer individuellen Ressourcen mit den gesellschaftlichen Anforderungen, Normen und Regeln auseinanderzusetzen. Ein wesentliches Moment in diesem inneren Prozess besteht darin, die eigenen körperlichen und seelischen Kräfte zu aktivieren und in eine tragfähige Balance mit den äußeren Erwartungen und Ansprüchen zu bringen.

Im Kontext der Gesundheitswissenschaft werden diese inneren Vorgänge mit dem Begriff „Resilienz" beschrieben (Hurrelmann; Razum 2016). Dieser weitverbreitete Begriff bezeichnet den Aufbau einer psychischen Widerstandsfähigkeit, die sich aus personalen, familialen und sozialen Schutzfaktoren herausbildet. Nonformelle und informelle Bildungsprozesse sind gleichsam ein innerer Antrieb für den Aufbau einer Resilienz. Insofern ist Bildung ein konstitutiver Bestandteil einer Gesundheitsförderung im Rahmen der Kinder- und Jugendarbeit.

Literaturhinweise zur Vertiefung

Böhnisch, Lothar (2019): Lebensbewältigung. Ein Konzept für die Soziale Arbeit. 2. überarbeitete Aufl. Weinheim und Basel: Beltz Juventa.

Kammerer, Bernd (Hrsg.) (2017): Streetwork und mobile Zugänge in der Offenen Jugendarbeit: (K)ein Thema?!. Nürnberg: emwe-Verlag.

Löwenstein, Heiko et al. (2020): Sportsozialarbeit. Strukturen, Konzepte, Praxis. Stuttgart: Kohlhammer.

Nikles, Bruno (2018): Erzieherischer Kinder- und Jugendschutz. In: Böllert, Karin (Hrsg.): Kompendium Kinder- und Jugendhilfe. Wiesbaden: Springer VS. Bd. 1. S. 771–782.

Rahner, Judith (2020): Praxishandbuch Resilienz in der Jugendarbeit. Widerstandsfähigkeit gegen Extremismus und Ideologien der Ungleichheit. Weinheim und Basel: Beltz Juventa.

Stecklina, Gerd; Wienforth, Jan (Hrsg.) (2020): Handbuch Lebensbewältigung. Praxis, Theorie und Empirie. Weinheim und Basel: Beltz Juventa.

12. Handlungsleitende Konzepte als Grundlage für didaktische Entscheidungen

Die Planung, Durchführung und Evaluation von organisierten Bildungsprozessen ist nicht beliebig und zufällig, sondern alle Schritte sind auf vorab definierte Bildungsziele ausgerichtet. Diese werden mithilfe entsprechender Handlungskonzepte im Alltag sozialpädagogischer Bildung realisiert. Handlungskonzepte strukturieren in dieser Weise konkrete orts-, zeit- und gruppenbezogene sozialpädagogische Bildungsprozesse, indem sie die verschiedenen didaktischen Elemente (Ziele, Inhalte, Methoden, Medien und Voraussetzungen) in einen sinnhaften Zusammenhang bringen (vgl. Geißler/Hege 2007).

Handlungsleitende Konzepte beziehen sich auf eine übergeordnete Ebene, die unterschiedliche Theorieansätze mit Praxiserfahrungen zusammenführt und miteinander verknüpft. Handlungsleitende Konzepte bilden gleichsam Leitideen für sozialpädagogisches Handeln. Sie formen und prägen als übergreifende Leitideen einzelne Praxiskonzepte und geben diesen eine bestimmte Grundausrichtung. Handlungsleitende Konzepte verweisen auf eine konzeptionelle Rahmung, ohne bereits methodisch-didaktische Einzelentscheidungen vorwegzunehmen, denn diese müssen immer wieder neu in der konzeptionellen Detailplanung im Hinblick auf die konkrete Lerngruppe, das Thema und die jeweils spezifischen Voraussetzungen getroffen werden (vgl. Stimmer 2006).

Im Alltag der offenen und verbandlichen Kinder- und Jugendarbeit dienen die folgenden handlungsleitenden Konzepte als übergeordnete Leitideen für Bildungsformate mit unterschiedlichsten inhaltlichen Schwerpunkten.

12.1 Genderspezifische Konzepte

Vor dem Hintergrund einer traditionsreichen politischen Frauenbewegung und einer breiten sozialwissenschaftlich orientierten Geschlechterforschung sind die traditionellen Geschlechterrollen und deren Wandel sowie Fragen der Geschlechtsidentität in den Vordergrund vieler gesellschaftlicher Diskurse getreten. Diese Entwicklung hat sich in unzähligen Modellprojekten und

Förderprogrammen – auch in der Kinder- und Jugendarbeit – niedergeschlagen und zur Einführung des Grundprinzips einer geschlechtersensiblen Ausgestaltung der Kinder- und Jugendhilfe im § 9 Abs. 3 SGB VIII geführt.

In der offenen und verbandlichen Kinder- und Jugendarbeit sind anfangs viele mädchenbezogene Konzepte entstanden, die einige Jahre später um konzeptionelle Ansätze zur Jungenarbeit erweitert wurden; gegenwärtig entstehen neue Ansätze einer Queeren-Jugendarbeit. Im Mittelpunkt aller geschlechtsspezifischen Konzepte steht eine kritische Auseinandersetzung mit traditionellen Geschlechterrollen und der Aufbau einer eigenen selbstbestimmten individuellen Geschlechtsidentität.

Als handlungsleitendes Konzept wird die Genderperspektive zu einem grundlegenden Blickwinkel für die Planung, Durchführung und Evaluation von Bildungsprozessen. Alle didaktischen Entscheidungen über die Ziele, Themen, Methoden, Medien und die Voraussetzungen in der Lerngruppe werden unter Berücksichtigung der Genderperspektive getroffen. D.h. konkret, welche Bedeutung haben die einzelnen didaktischen Entscheidungen für weibliche, männliche oder queere Teilnehmerinnen und Teilnehmer und wie ist das jeweilige konkrete Praxiskonzept zu strukturieren, um möglichst geschlechtergerechte Bildungsprozesse zu ermöglichen? In der Regel werden vor dem Hintergrund dieser Ausgangsfragestellung geschlechtshomogene Gruppen gebildet, die vielfach für den gesamten Bildungsprozess Bestand haben. Ebenso ist es aber auch möglich, für einzelne themenbezogene Phasen geschlechtsspezifische Gruppen zu bilden, die sich in den weiteren Phasen eines Bildungsprozesses mit koedukativen Lernschritten abwechseln.

Die Genderperspektive wird dann zu einem handlungsleitenden Konzept, wenn sie als Querschnittsaufgabe verstanden wird, die alle Bildungsformate betrifft und für alle didaktischen Entscheidungen relevant wird. Die konkrete Ausprägung und konzeptionelle Gewichtung hängt von der Zielsetzung, dem Themenschwerpunkt und den konkreten Bedingungen in der Lerngruppe sowie vom professionellen Selbstverständnis des Pädagogen bzw. der Pädagogin ab (vgl. Kabs-Ballbach et al. 2020).

12.2 Interkulturelle Konzepte

Die Welt ist ein globales Dorf geworden. Die neuen Kommunikationstechnologien ermöglichen blitzschnelle Verbindungen bis in die „hinterste Ecke" der Erde. Wirtschaftsunternehmen agieren als „global player" weltweit. Und in der Nachbarschaft wird die große weite Welt im Kleinen abgebildet: Menschen mit Migrationshintergrund bringen verschiedene Sprachen, kulturelle und religiöse Gewohnheiten mit und verändern das lokale Zusammenleben vor Ort. Der Prozess der Globalisierung fördert die Entwicklung mehrkultureller Gesellschaften.

Eine mehrkulturelle Gesellschaft stellt neue Herausforderungen an Einheimische und an Zugewanderte mit Migrationserfahrung. Einheimische müssen umlernen und erkennen, dass sie ihren Alltag mit Menschen einer anderen Muttersprache, Kultur und Religion teilen müssen. Und Menschen mit Migrationserfahrungen müssen lernen, dass es Grundregeln im Gastland gibt, die für sie bindend sind, und dass sie die Sprache des Gastlandes lernen müssen, wenn sie ihre Rechte wahrnehmen und am Alltagsleben teilhaben wollen. Einheimische und Menschen mit Migrationshintergrund müssen eine neue kulturelle Balance finden, zwischen dem, was jeweils vonseiten der eigenen Ursprungskultur unverzichtbar ist und dem, was für ein friedliches, gesellschaftliches Zusammenleben notwendig ist.

Die Neubestimmung einer kulturellen Identität erfordert sowohl von Einheimischen als auch von Menschen mit Migrationserfahrung hohe Lernleistungen, die mit dem Begriff „interkulturelle Kompetenz" umschrieben werden. Interkulturelle Kompetenz bezeichnet die Fähigkeit zur kritischen Selbstreflexion im Spannungsfeld einer kulturellen Vielfalt. Sie erfordert eine Haltung der Offenheit gegenüber neuen und fremden Ritualen, Normen und Werten sowie eine hohe Sensibilität gegenüber Machtstrukturen in der Kommunikation (vgl. Freise 2017, S. 186 f.).

Ein interkulturelles Konzept wird dann zu einem handlungsleitenden Konzept, wenn das jeweilige Bildungsformat Kinder und Jugendliche zu einem produktiven Umgang mit Vielfalt, Heterogenität und Diversität ermutigt und anleitet. Denn interkulturelles Lernen vollzieht sich nur ansatzweise durch die Aufnahme von Wissen auf der kognitiven Ebene. Die emotionale Ebene hat für das interkulturelle Lernen eine herausragende Bedeutung: Sie formt und prägt die individuelle Haltung und Einstellung als eine Akzeptanz von Differenzen und eine Anerkennung anderer politischer und fremder religiöser Orientierungen.

Wenn es gilt, gesellschaftliche Diskriminierungen und Ausgrenzungen vorzubeugen bzw. diesen Haltungen entgegenzuwirken, so erhalten alle Bildungsprogramme, die ein interkulturelles Lernen fördern, eine herausragende Bedeutung.

Interkulturelle Konzepte werden dann zu handlungsleitenden Konzepten, wenn die Vielfalt und Heterogenität einer Lerngruppe methodisch zielgerichtet genutzt wird, um den Umgang mit Diversität einzuüben. Und interkulturelle Konzepte werden handlungsleitend, wenn das Thema methodisch-didaktisch so aufbereitet wird, dass dessen inhaltliche Vielfalt für Kinder und Jugendliche unmittelbar erfahrbar wird.

12.3 Kulturpädagogische Konzepte

Sie sind in ein Dreiecksverhältnis von Jugend-, Bildungs- und Kulturarbeit eingebunden; sie haben unzählige Gesichter und Orte. In die Praxis der Kinder- und Jugendarbeit treten sie in zweifacher Weise in Erscheinung: Einerseits bildet die kulturpädagogische Arbeit mit Kindern und Jugendlichen im außerschulischen Bereich ein eigenes anerkanntes pädagogisches Handlungsfeld mit spezifischen Träger-, Einrichtungs- und Programmstrukturen, z. B. Jugendkunst- und Musikschulen, theaterpädagogische Zentren, Radio-, Film- und Medienwerkstätten usw. Andererseits werden kulturpädagogische Elemente in unterschiedliche pädagogische Handlungskonzepte integriert und als methodischer Ansatz neben anderen methodischen Verfahren und Techniken genutzt, um geplante Bildungsziele zu erreichen. Musik, Tanz, Theater, digitale Medien und bildnerische Ausdrucksweisen werden in diesem Zusammenhang nicht primär als ein ästhetisches Werk geschaffen, das um seiner selbst willen existiert, sondern kulturellen Ausdrucksweisen werden im Rahmen eines organisierten Bildungsprozesses didaktische Funktionen zugeschrieben. Diese bestehen darin, Alltags- und Lebenserfahrungen – jenseits von Sprache – mit künstlerischen Mitteln zum Ausdruck zu bringen und die subjektiven Erfahrungen auf diesem Weg einer vertiefenden Reflexion zugänglich zu machen.

Unabhängig von der methodisch-didaktischen Zweckbestimmung werden kulturpädagogische Konzepte grundsätzlich von den folgenden Leitbildern geprägt: Eine kulturelle Vielfalt leben, die individuellen Stärken sichtbar machen, eine Lebenskunst lernen und durch Kunst die Welt erschließen. D. h. kulturpädagogische Konzepte eröffnen Kindern und Jugendlichen ästhetisch-künstlerische Erlebnis-, Gestaltungs- und Kommunikationsräume; sie erkennen individuell unterschiedliche kulturelle Interessen an und stärken durch die Teilhabe an Kunst und Kultur die Persönlichkeitsentwicklung junger Menschen (vgl. Bockhorst et al. 2018).

Kulturpädagogische Konzepte werden dann handlungsleitend, wenn sie unterschiedlichen kulturellen Neigungen und Interessen Räume und Gelegenheiten zur Entfaltung anbieten und auf diesem Weg Kindern und Jugendlichen vertiefende Einblicke in kulturelle Wirklichkeiten ermöglichen. Sie stiften Kommunikation und schaffen positive Voraussetzungen, um Einförmigkeit, Langeweile und Monotonie im Lern- und Bildungsprozess zu verhindern.

12.4 Sportorientierte Konzepte

Sport, Bewegung und Spiel gehören zu den häufigsten und wichtigsten Freizeitaktivitäten von Kindern und Jugendlichen. Neben informellen Bewegungsaktivitäten gehören institutionalisierte Sportangebote in Vereinen zu den besonders beliebten Freizeitbeschäftigungen. Das Engagement in Sportvereinen durchzieht alle sozialen Milieus, alle Altersgruppen und ist unabhängig vom Geschlecht. Keine andere Organisation bindet auch nur annähernd so viele junge Menschen dauerhaft und intensiv in die jeweilige Vereinsarbeit ein wie es Sportvereinen gelingt (vgl. Neuber 2021).

Sport, Spiel und Bewegung nehmen im Rahmen der Identitätsentwicklung junger Menschen eine herausragende Bedeutung ein; so stellt der zwölfte Kinder- und Jugendbericht der Bundesregierung die Bildungsleistungen von Bewegungsangeboten erstmals explizit heraus und ordnet diese anschließend unterschiedlichen Bildungsmodalitäten im Spannungsbogen zwischen formellen und informellen Bildungsprozessen zu: „Dem Sport wird insgesamt eine maßgebliche Bildungswirksamkeit zugesprochen, die zunächst die unmittelbar körperbezogenen Kompetenzen (Körpererfahrung, -ästhetik, -ausdruck), aber auch nicht unmittelbar sportbezogene Kompetenzen im sozialen, politischen und kognitiven Bereich (Teamfähigkeit, Selbstvertrauen, Selbstorganisation, Verantwortungsfähigkeit) einschließt“ (BMFSFJ 2005, S. 376).

Pädagogische Wirkungen ergeben sich aber nicht per se, sondern sie sind vom jeweiligen Lernort und dessen lernfördernden Bedingungen abhängig. Als solche sind im Sport, Spiel und Bewegung die folgenden Aspekte bedeutsam: Sport löst bei vielen jungen Menschen eine Identifikation und Begeisterung aus. Die Freiwilligkeit und prinzipielle Offenheit des Sports ermöglichen variable, individuelle Aufgabenstellungen, die unterschiedlichen Fähigkeiten und Interessen gerecht wird. Die für Lernprozesse bedeutsamen Rückmeldungen auf bestimmte Verhaltensmuster erfolgen im Sport direkt und sind unmittelbar erfahrbar. Viele Sportaktivitäten sind in Kommunikations- und

Interaktionsmuster eingebunden, da sie als Mannschaftssport mit anderen gemeinsam durchgeführt werden.

Sportorientierte Konzepte werden dann zu handlungsleitenden Konzepten, wenn Bewegung und Spiel im Mittelpunkt des sozialpädagogischen Bildungsprozesses stehen und methodisch-didaktisch zielgerichtet zum Erreichen der Bildungsziele genutzt werden. Für die Praxis der offenen und verbandlichen Kinder- und Jugendarbeit bieten sportorientierte Konzepte nahezu grenzenlose Möglichkeiten, junge Menschen niederschwellig anzusprechen, in Kontakt zu treten und neue alternative Handlungs- und Erfahrungsfelder jenseits schulsportlicher Aktivitäten zu eröffnen. Die methodisch-didaktischen Einsatzmöglichkeiten von Sport- und Spielaktionen in der Kinder- und Jugendarbeit sind außerordentlich vielfältig: Tischtennis und Kicker bieten informelle Sportgelegenheiten; Abenteuer- und Trendsportangebote eröffnen neue Erfahrungsmöglichkeiten; und Fußball ist ein Spiel, das jeder in der ganzen Welt kennt und sofort mitspielen kann; Fußball verfügt somit über eine hohe Integrationswirkung.

12.5 Erlebnispädagogische Konzepte

Ungewohntes wagen, Grenzen überschreiten, Herausforderungen annehmen, Hindernisse überwinden, Risiken abwägen und annehmen, Entscheidungen fällen und dazu stehen, einen eingeschlagenen Weg durchhalten, kreative Lösungen finden – das alles sind Herausforderungen, die bei erlebnispädagogischen Aktivitäten im Vordergrund stehen und von Teilnehmerinnen und Teilnehmern gefordert werden.

Erlebnispädagogische Angebote sind in der sozialpädagogischen Landschaft der offenen und verbandlichen Kinder- und Jugendarbeit gegenwärtig sehr verbreitet. Sie sind für junge Menschen attraktiv und werden von pädagogischen Mitarbeiterinnen und Mitarbeitern geschätzt. Ein wesentlicher Grund für die Attraktivität erlebnispädagogischer Konzepte besteht im handlungsorientierten Ansatz, der physische, psychische und soziale Herausforderungen verbindet, indem es gilt, diese in außergewöhnlichen Situationen zu bewältigen. Insofern ermöglichen erlebnispädagogische Projekte intensive Kontrasterfahrungen zum Schulalltag und zur Familie (vgl. Heckmair/Michl 2018).

Erlebnispädagogische Konzepte treten in der Praxis der Kinder- und Jugendarbeit in sehr unterschiedlichen Ausprägungen auf: Klettern an der

Wand, im Niedrig- oder Hochseilparcours, Segeln, Kanu- und Flosstouren, Höhlenwanderungen, Trekkingtouren, Canyoning, Geocaching, usw. Alle Aktivitäten sind häufig mit Grenzerfahrungen in der Natur verknüpft und sind stets in Gemeinschaftserlebnisse eingebunden. Der Bildungswert erlebnispädagogischer Projekte besteht in der Reflexion der persönlichen Erlebnisse und deren Transfer in den Alltag.

Das Erlebnis von Grenzen und deren erfolgreiche Bewältigung mit Unterstützung der Gruppe ermöglicht ganzheitliche Kontrasterfahrungen, die eine andere Intensität und Tiefe erreichen, als sie durch kognitive Lernprozesse hervorgerufen werden.

Erlebnispädagogische Konzepte werden zu handlungsleitenden Konzepten, wenn ein Lernen durch Erlebnis und Erfahrung geschieht. Erlebnisse in der Natur mit der Gruppe werden reflektiert und auf Alltagssituationen bezogen. Unabhängig von den jeweiligen konkreten methodisch-didaktischen Einzelentscheidungen bilden das Erleben und Erfahren, die Reflexion und der Transfer die Brennpunkte aller erlebnispädagogischen Konzepte.

Zusammenfassend ist festzuhalten: Die genannten handlungsleitenden Konzepte sind idealtypische Denkfiguren, die eine Grundlage für methodisch-didaktische Einzelentscheidungen im Horizont der jeweiligen gruppenbezogenen und institutionellen Bedingungen liefern. Es sind theoretische Leitideen für die Grobplanung von kleinen, mittleren oder auch größeren Bildungsprojekten. Diese sind für jedes Bildungsangebot in der sozialpädagogischen Praxis kleinzuarbeiten und jeweils für das gewählte Thema, die gruppenspezifischen Gegebenheiten und die institutionellen Voraussetzungen einzeln durchzubuchstabieren. Dabei werden vielfach auch methodisch-didaktische Elemente miteinander kombiniert, wenn z. B. männliche, weibliche und queere Rollenbilder aus unterschiedlichen kulturellen Traditionen im Rahmen von Theater- oder Medienprojekten bearbeitet werden.

Literaturhinweise zur Vertiefung

Bockhorst, Hildegard et al. (2012) (Hrsg.): Handbuch kulturelle Bildung. München: kopaed.

Ehlert, Gudrun (2012): Gender in der Sozialen Arbeit. Konzepte, Perspektiven, Basiswissen. Schwalbach/Taunus: Wochenschau-Verlag.

Gogolin, Ingrid; Krüger-Potratz, Marianne (2020): Einführung in die interkulturelle Pädagogik. Geschichte, Theorie und Diskurse, Forschung und Studium. Opladen/Toronto: Verlag Barbara Budrich.

Heckmair, Bernd; Michl, Werner (2018): Erleben und Lernen. Einführung in die Erlebnispädagogik. 8., überarbeitete Aufl. München: Ernst Reinhardt Verlag.

Neuber, Nils (2021): Sport in der Offenen Kinder- und Jugendarbeit. In: Deinet, Ulrich et al. (Hrsg.): Handbuch Offene Kinder- und Jugendarbeit. 5. völlig neu gestaltete Aufl. Wiesbaden: Springer VS. Bd. 2. S. 1069–1079.

Stimmer, Franz (2006): Grundlagen methodischen Handelns in der Sozialen Arbeit. 2. erweiterte und überarbeitete Aufl. Stuttgart: Kohlhammer-Verlag.

13. Fachliche Standards

Die Kinder- und Jugendarbeit hat im Verlauf ihrer Geschichte ein eigenes Selbstverständnis mit verschiedenen Grundprinzipien entwickelt. Diese grenzen die Kinder- und Jugendarbeit von anderen pädagogischen Handlungsfeldern ab und markieren innerhalb der sozialpädagogischen Landschaft Merkmale, die die Besonderheiten der Kinder- und Jugendarbeit herausstellen und das Handlungsfeld von anderen Bereichen der Kinder- und Jugendhilfe, z. B. den Hilfen zur Erziehung, abgrenzen. Diese Merkmale konstituieren den fachlichen Kern der Kinder- und Jugendarbeit.

Zentrale Elemente des sozialpädagogischen Selbstverständnisses der Kinder- und Jugendarbeit sind im SGB VIII verankert: § 8 Beteiligung von Kindern und Jugendlichen; § 9, Abs. 3, Gleichberechtigung von jungen Menschen; § 11 Jugendarbeit und § 12 Förderung der Jugendverbandsarbeit benennen explizit fachliche Standards für die Kinder- und Jugendarbeit, die damit eine verbindliche, rechtliche Rahmung des gesamten Handlungsfeldes bilden. Die Stichworte „Selbstbestimmung“, „Mitverantwortung“ und „Anknüpfen an den Interessen junger Menschen“ kennzeichnen die zentrale Grundorientierung für die Kinder- und Jugendarbeit. Es sind sozialpädagogische Handlungsprinzipien, die je nach Handlungsfeld und Einrichtung in der Praxis unterschiedliche Ausprägungen erfahren, aber zum fachlichen Grundbestand der gesamten Kinder- und Jugendarbeit zählen (vgl. Ilg 2013, S. 16 f.; BMFSFJ 2020, S. 329 f.).

13.1 Freiwilligkeit

Im Gegensatz zu schulischen Angeboten treffen Kinder und Jugendliche selbst die Entscheidung über die Teilnahme oder Nicht-Teilnahme an Angeboten der Kinder- und Jugendarbeit. Vor dem Hintergrund der Ganztagsschule wird für Schülerinnen und Schüler damit ein Gegenpol zu einem hochgradig durchregulierten Tages- und Wochenablauf gesetzt. Das Prinzip der Freiwilligkeit bietet jungen Menschen die Chance, individuelle Interessen zu entdecken und diesen zielgerichtet nachzugehen; es sind Gelegenheiten zu experimentieren, etwas auszuprobieren, dies zu intensivieren oder aber ein Vorhaben wieder zu verwerfen. Die Kinder- und Jugendarbeit stellt Räume einschließlich der erforderlichen materiellen Ausstattung sowie eine personelle Unterstützung und Begleitung zur Verfügung. Über die Art und Weise der tatsächlichen Nutzung des Angebotes entscheiden Kinder und Jugendliche vor Ort selbst (vgl. BMFSFJ 2017, S. 370f.)

Die Schattenseite der Freiwilligkeit besteht in der Gefahr einer unverbindlichen und beliebigen Teilnahme; dies ist insbesondere in Einrichtungen der Offenen Kinder- und Jugendarbeit ein immer wiederkehrendes Problem.

13.2 Partizipation

Partizipation ist eines der zentralen Handlungsprinzipien der Kinder- und Jugendhilfe, gesetzlich explizit im § 8 SGB VIII verankert, fachlich unumstritten, aber dennoch immer wieder eine große Herausforderung bei der praktischen Umsetzung im Alltag. Partizipation bedeutet, junge Menschen – altersgemäß – an der Lösung von Problemen und bei Entscheidungen zu beteiligten.

Kinder- und Jugendarbeit wird daher nicht als ein Feld *für* junge Menschen gestaltet, sondern ganz wesentlich *von* jungen Menschen selbst organisiert. Die Mitbestimmung reicht von der konkreten Einzelaktion („Was machen wir in der nächsten Gruppenstunde?“) über die Raumaneignung („Wo sind welche Lieblingsorte im Stadtteil oder im Dorf und warum?“) bis zur Übernahme von Leitungsaufgaben, dies insbesondere in Jugendverbänden. Partizipation stellt insofern ein Arbeitsprinzip als auch ein inhaltliches Lernziel dar. Wenn das Prinzip der Partizipation in geeigneter Weise umgesetzt wird, erleben Kinder und Jugendliche, dass sie ernst genommen werden und etwas bewirken können (vgl. Meyer; Rahn 2020).

Die Beteiligung von jungen Menschen an Entscheidungsprozessen wird allerdings nicht allein durch rechtliche Vorgaben und methodische Verfahren sichergestellt, sondern sie hängt maßgeblich vom professionellen Selbstverständnis der pädagogischen Mitarbeiterinnen und Mitarbeiter ab. Mit anderen Worten: Die Haltung von Hauptamtlichen gegenüber jungen Menschen eröffnet Beteiligungsmöglichkeiten oder schränkt diese ein. Es ist das Vertrauen in Kinder und Jugendliche, dass sie in der Lage sind, nach Abwägung der verschiedenen Interessen und Notwendigkeiten die richtigen Entscheidungen treffen bzw. sie unmittelbar daran zu beteiligen. Die Kinder- und Jugendarbeit bietet damit vielfältige Räume, Möglichkeiten und Gelegenheiten Demokratie praktisch und sehr konkret vor Ort zu erleben, zu erfahren und einzuüben (vgl. von Schwanenflügel; Schwerthelm 2021).

Partizipation erfordert eine Bereitschaft und ein Interesse zur Beteiligung und Mitgestaltung der persönlichen und gesellschaftlichen Lebenswelt. Mit der flächendeckenden Einführung der Ganztagsschule haben sich aber die Rahmenbedingungen für ein Engagement und die Beteiligung in der Kinder- und Jugendarbeit grundlegend verändert. Insbesondere Jugendverbände stellen in neuerer Zeit eine deutlich gesunkene Bereitschaft junger Menschen zur Übernahme von Verantwortung für Leitungsaufgaben fest, insbesondere dann, wenn diese mit längerfristigen Verpflichtungen eines Amtes verbunden sind (vgl. Lange/Wehmeyer 2014, S. 130f.)

13.3 Lebenswelt- und Sozialraumorientierung

Die Lebenswelt von Kindern und Jugendlichen bildet den Maßstab, den Ausgangs- und Endpunkt aller sozialpädagogischen Bemühungen. Es sind nicht ministerielle Lehrpläne und Curricula, die zu erfüllen sind, sondern die individuellen Bedürfnisse, Neigungen und Interessen junger Menschen – häufig im Kontext aktueller gesellschaftlichen Probleme und Entwicklungen –, sie stehen im Mittelpunkt aller konzeptionellen Überlegungen. Es sind persönliche Motivationen, Fähigkeiten und Fertigkeiten, die subjektive Handlungsmuster bestimmen und damit Aktivitäten, Projekte und Programme prägen (vgl. Köngeter 2016).

Der Sozialraum ist die räumliche, institutionelle und soziale Dimension der Lebenswelt. Der Sozialraum wird durch geographische, regionale und lokale Gegebenheiten, durch Organisationen (z.B. Schulen, Kirchen, Vereine, Verbände, Geschäfte und Betriebe) und durch soziale Netzwerke (z.B. Familien, Peergruppen, Cliquen und Nachbarschaften) konstituiert (vgl. Deinet; Krisch 2021).

Das Handlungsprinzip der Lebenswelt- und Sozialraumorientierung trägt dazu bei, den Alltag junger Menschen und deren individuelle Bewältigungsstrategien tiefergehend zu verstehen, das sozial-strukturelle Umfeld mit dem Blick auf vorhandene Ressourcen zu erschließen, um so einen Beitrag zur Bewältigung des Alltages zu leisten. Wenn junge Menschen die Angebote der Kinder- und Jugendarbeit intensiv nutzen, so wird diese für sie – neben der Familie und Schule – zur dritten Sozialisationsinstanz.

13.4 Selbstorganisation

Auf der Basis der Freiwilligkeit bietet die Kinder- und Jugendarbeit vielfältige Möglichkeiten, mit Gleichaltrigen gemeinsame Interessen und Ideen in politischen, religiösen, sozialen und kulturellen Bereichen zu verfolgen. Das Engagement für individuelle und gesellschaftliche Belange in Gruppen bildet einen Eckpfeiler im Selbstverständnis der Kinder- und Jugendarbeit. Es eröffnet Räume und Gelegenheiten für neue Erfahrungen, und es ermöglicht zugleich die Übernahme von Verantwortung für ausgewählte Aufgaben (vgl. Wendt 2005).

Das Prinzip der Selbstorganisation findet seine stärkste Ausprägung in der verbandlichen Kinder- und Jugendarbeit, da hier der überwiegende Teil der Arbeit von ehrenamtlichen Gruppenleiterinnen und -leitern geleistet wird. Hauptamtliche Mitarbeiterinnen und Mitarbeiter qualifizieren primär ehrenamtliche Kräfte für die Gruppenleitung und nehmen die Außenvertretung des Verbandes wahr.

13.5 Genderperspektive

Das Aufwachsen von Kindern und Jugendlichen geschieht nie geschlechtsneutral, sondern erfolgt immer im Kontext von männlichen, weiblichen oder diversen Geschlechterrollen und -identitäten. Als allgemeiner Grundsatz der Kinder- und Jugendhilfe weist der § 9 Abs. 3 SGB VIII auf diese komplexen Zusammenhänge hin und fordert deren Berücksichtigung.

Die Kinder- und Jugendarbeit hat schon sehr früh damit begonnen, die Genderperspektive durch entsprechende Praxiskonzepte der Mädchen- und Jungenarbeit zu realisieren, neuerdings geschieht dies auch durch die Entwicklung von Handlungskonzepten für eine Queere-Jugendarbeit. D.h. konzeptionelle Planungen erfolgen durch „eine Gender-Brille“: Welche geschlechtsspezifischen Voraussetzungen sind bei den Adressaten gegeben? Wie berücksichtigen die Ziele und Inhalte des Angebotes geschlechtsspezifische Unterschiede in der Gruppe? In welcher Weise werden geschlechtsspezifische Besonderheiten bei der Auswahl der Methoden und Medien beachtet? Sind die ausgewählten Methoden und Medien für die geschlechtsspezifische Zusammensetzung der Adressaten angemessen und geeignet?

Wenn der fachliche Standard „Genderperspektive“ konsequent auf das Handlungsfeld Kinder- und Jugendarbeit angewandt wird, so ist die fachliche, konzeptionelle Ebene um die personelle und organisatorische Ebene zu erweitern (vgl. Karsunky 2018): Wie erfolgt die Personalentwicklung, -ausstattung und -qualifizierung in der Einrichtung und beim Träger? Wie sind die Ressourcen und Aufgaben in der Organisation verteilt? Wie ist die Organisationskultur, insbesondere der Informations- und Kommunikationsfluss, gestaltet? In welcher Weise berücksichtigen die Regelwerke der Organisation (z. B. Leitbild, Satzung und Geschäftsordnung) die Genderperspektive?

Die fachlichen Standards werden auf mehreren Ebenen wirksam:

a) *Handlungskonzepte:* Die Standards beziehen sich auf die konzeptionelle Handlungsebene und vermitteln eine grundlegende Orientierung für alle methodisch-didaktischen Entscheidungen zur Planung, Durchführung und Evaluation sozialpädagogischer Bildung in der Kinder- und Jugendarbeit.
b) *Personal:* Die fachlichen Standards sind für das professionelle Selbstverständnis der pädagogischen Mitarbeiterinnen und Mitarbeiter außerordentlich bedeutsam. Denn je mehr sie diese Standards im eigenen pädagogischen Rollenhandeln verinnerlichen, umso stärker können sie die Standards im jeweiligen Arbeitsfeld realisieren. Mit anderen Worten das individuelle professionelle Rollenhandeln der Pädagoginnen und Pädagogen ermöglicht die Realisierung der fachlichen Standards im pädagogischen Alltag oder es schränkt sie ein bzw. verhindert sogar deren praktische Umsetzung.
c) *Organisation:* Die fachlichen Standards wirken sich auf die Organisation als Gesamtheit aus, indem sie dieser eine Prägung und ein spezifisches Profil geben. Und je mehr die Standards konsequent in der pädagogischen Praxis einer Organisation umgesetzt werden, umso prägender und bestimmender wird deren Wirkung auf das innere und äußere Erscheinungsbild der Organisation.

Zusammenfassend ist festzuhalten: Die genannten fachlichen Standards bilden unverzichtbare Grundlagen für die sozialpädagogische Bildung in der offenen und verbandlichen Kinder- und Jugendarbeit. Sie sind unabdingbare Essentials auch in der Kooperation mit Schulen, wenn es gilt, die beiderseitigen pädagogischen Grundsätze offen zu legen, diese zu klären und in konkrete konzeptionelle praktische Handlungsformen umzusetzen.

Literaturhinweise zur Vertiefung

Deinet, Ulrich; Krisch, Richard (2021): Das sozialräumliche Konzept in der Offenen Kinder- und Jugendarbeit. In: Ders. et al. (Hrsg.): Handbuch Offene Kinder- und Jugendarbeit, 5. vollständig neugestaltete Aufl. Wiesbaden: Springer VS. Bd. 2. S. 1055–1068.

Ilg, Wolfgang (2013): Jugendarbeit – Grundlagen, Prinzipien und Arbeitsformen. In: Rauschenbach, Thomas; Borrmann, Stefan (Hrsg.): Arbeitsfelder der Kinder- und Jugendarbeit. Weinheim und Basel: Beltz Juventa. S. 12–33.

Karsunky, Silke (2018): Gender Mainstreaming. In: Böllert, Karin (Hrsg.): Kompendium Kinder- und Jugendhilfe. Wiesbaden: Springer VS. Bd. 2. S. 1111–1131.

Köngeter, Stefan (2016): Lebensweltorientierte Soziale Arbeit in der offenen Kinder- und Jugendarbeit. In: Grunwald, Klaus; Thiersch, Hans (Hrsg.): Praxishandbuch lebensweltorientierte Soziale Arbeit. Handlungszusammenhänge und Methoden in unterschiedlichen Handlungsfeldern. 3. vollständig überarbeitete Aufl. Weinheim und Basel: Beltz Juventa. S. 130–141.

Meyer, Thomas; Rahn, Sebastian (2020): Partizipation – Kernaufgabe und Schlüsselbegriff in der Kinder- und Jugendarbeit. In: Ders./Patjens, Rainer (Hrsg.): Studienbuch Kinder- und Jugendarbeit. Wiesbaden: Springer VS. S. 397–424.

Wendt, Peter-Ulrich (2005): Selbstorganisation Jugendlicher und ihre Förderung durch kommunale Jugendarbeit. Zur Rekonstruktion professionellen Handelns. Hamburg: Kovac-Verlag.

14. Methoden

Bildungsprozesse in der offenen und verbandlichen Kinder- und Jugendarbeit sind eng mit Methoden verknüpft. Methoden prägen weitreichend alle formalen, nonformellen und informellen Bildungsprozesse, indem sie die subjektive und kollektive Aneignung und Auseinandersetzung mit Themen ermöglichen und fördern bzw. diese beeinträchtigen oder sogar blockieren.

Eine Methode ist der vorausgedachte Plan einer Vorgehensweise, um zielführend pädagogisch zu handeln und angestrebte Bildungsziele zu erreichen. Die Auswahl von geeigneten Methoden ist abhängig von den Adressaten, Zielen, Themen und den je spezifischen zeitlichen und institutionellen Kontexten. Die Entscheidung über den Einsatz einer Methode kann nicht unabhängig vom didaktischen Kontext getroffen werden, sondern sie ist stets ein fester Bestandteil eines pädagogischen Handlungskonzeptes. Dieses setzt die Wechselbeziehungen zwischen den einzelnen didaktischen Elementen in ein zielführendes Verhältnis zueinander (vgl. Geißler/Hege 2007, S. 21 f.; Wischmeier/Macha 2012, S. 190 f.).

Die Praxis der Kinder- und Jugendarbeit verfügt über ein außerordentlich breites, buntes Methodenrepertoire, das die Unterschiede der Organisationsformen und Trägerstrukturen, die Vielfalt der Lebenswelten und Sozialräume der Adressaten und die unterschiedlichen konzeptionellen Ansätze widerspiegelt. Diese methodische Vielfalt konstituiert u. a. auch die besondere pädagogische Qualität der Kinder- und Jugendarbeit, da auf diese Weise sehr unterschiedliche individuelle Interessen und gesellschaftliche Bedarfe angemessen in einem Bildungsprozess miteinander verbunden werden. Eine systematische Übersicht zum Methodenrepertoire der Kinder- und Jugendarbeit ist aufgrund der Vielschichtigkeit des Methodenspektrums nicht möglich (vgl. Ilg 2013, S. 26). Gleichwohl werden im Folgenden vier Methoden näher vorgestellt, die in der Alltagspraxis der Kinder- und Jugendarbeit häufig im Vordergrund stehen und den besonderen Charakter sozialpädagogischer Bildung prägen.

14.1 Gruppenarbeit

Lern- und Bildungsprozesse sind in der Kinder- und Jugendarbeit häufig mit Gruppenarbeit verbunden; die entsprechenden Ergebnisse sind oft das Produkt der Arbeit in einer Kleingruppe. Besonders in der verbandlichen Kinder- und Jugendarbeit nimmt die Gruppenarbeit eine Schlüsselrolle ein; sie bildet „das Herzstück“ der pädagogischen Arbeit. Die Gruppe bietet einen Raum für mehrdimensionale Lernerfahrungen mit Gleichaltrigen: gemeinsame Freizeitgestaltung; Lernen und Selbstbildung; Beziehungsgestaltung und Gemeinschaftsbildung; Entwicklung, Umsetzung und Auswertung von Projekten und Aktionen.

Bildungsprozesse in einer Gruppe vollziehen sich dann, wenn Lernende dazu anregt werden, die eigenen Gefühle und Befindlichkeiten, Haltungen und Einstellungen sowie auch diejenigen der anderen Gruppenmitglieder sensibel und differenziert wahrzunehmen. Gruppenarbeit erfordert den Mut, sich selbst anderen mitzuteilen und sich damit der Gefahr auszusetzen, möglicherweise auch nicht verstanden zu werden und vielleicht sogar auf Ablehnung in der Gruppe zu stoßen. Gruppenarbeit fordert dazu heraus, Beziehungen, Emotionen und Sachdifferenzen zu einem Thema im Dialog mit anderen Gruppenmitgliedern offen zu legen und zu klären. In diesem Sinne wird eine Gruppe zum Ort für soziale und themenbezogene Lern- und Bildungsprozesse (vgl. Wendt 2017, S. 271 f.).

Ein vielfältig verwendbares Modell zur pädagogischen Arbeit mit Gruppen von Kindern, Jugendlichen und Erwachsenen liefert die Themenzentrierte Interaktion (TZI) nach Ruth Cohn. Als zentrales Strukturprinzip verwendet die TZI die Balance zwischen dem Ich (= Subjekt), dem Wir (= Gruppe), dem Es (= Thema) und dem Globe (= Umwelt). Die Herstellung und die immer wieder neu zu schaffende dynamische Balance zwischen den vier Faktoren sind die besonderen Herausforderungen für die Gruppenleitung. Denn nur wenn es gelingt, eine dynamische Balance zwischen den vier Faktoren zu finden, werden konstruktive Sachergebnisse erzielt und gleichzeitig werden Impulse für die Persönlichkeitsentwicklung der Gruppenmitglieder gesetzt (vgl. Langmaack 2017).

14.2 Projektarbeit

Projektarbeit ist eine in allen Arbeitsfeldern der offenen und verbandlichen Kinder- und Jugendarbeit weitverbreitete Arbeitsform, mit der Schwerpunkte gesetzt und Innovationen erprobt werden, um Alltagsroutinen zu durchbrechen und Neues auszuprobieren. Projekte sind in der Regel öffentlichkeitswirksam und lenken den Blick auf Besonderheiten, die sich vom Alltag einer Einrichtung oder eines Verbandes abheben. Die Teilnahme an einem Projekt ist für Kinder und Jugendliche häufig ein besonderes Erlebnis und mit neuen Erfahrungen verbunden.

Projektarbeit ist nicht mit der regelmäßigen Gruppenstunde, dem wöchentlichen Training und den täglichen Öffnungszeiten einer Einrichtung zu verwechseln. Projekte sind befristete Vorhaben mit einem Anfangs- und Endpunkt. Dieser organisatorische Rahmen unterscheidet sie gegenüber alltäglichen Formen pädagogischen Handelns. Projekte sind produktorientiert, d.h., sie streben ein konkretes Ergebnis an deren Ende an, das dann vielfach – über den Kreis der Beteiligten hinaus – öffentlich präsentiert wird. Projektarbeit ist ein dynamischer Prozess, für deren Aufgabenstellung es bei der Bearbeitung häufig unterschiedliche Vorgehensweisen und verschiedene Lösungsmöglichkeiten gibt. Auf diese Weise werden Teilnehmerinnen und Teilnehmer zu einer aktiven Mitarbeit bei der Bewältigung der Projektaufgabe herausgefordert. Kommunikation, Kooperation und Kreativität sind wesentliche Bedingungen für die erfolgreiche Bearbeitung einer Projektaufgabe (vgl. Frey 2012).

Projekte ermöglichen Kindern und Jugendlichen eine intensive Auseinandersetzung mit einem Thema. Die zeitlich begrenzte Konzentration auf die Aufgabenstellung schafft Gelegenheiten – in Arbeitsteilung – unterschiedliche Perspektiven in den Blick zu nehmen und ermöglicht so einen Zugang zu einer vertiefenden Aneignung von Wissen und neuen Erfahrungen. Diese Lernform ist im schulischen Alltag in dieser Weise häufig nicht möglich. Selbstbestimmung und Selbstentfaltung, Respekt, Anerkennung und Wertschätzung sind grundlegende Elemente von Bildungsprozessen in Projekten der offenen und verbandlichen Kinder- und Jugendarbeit. Junge Menschen werden auf diese Weise zu Ko-Produzenten ihrer eigenen Bildungsbiografie, die dann nicht allein von schulischen Lehrplänen bestimmt wird (vgl. Rauschenbach 2009, S. 196f.).

Projekte in der Kinder- und Jugendarbeit zeichnen sich aber auch durch eine Ambivalenz aus: Sie sind einerseits für Kinder und Jugendliche sehr interessant, da sie Abwechslung und Neues bieten. Für eine Einrichtung bieten Projekte die Chance, ihre Attraktivität nach außen in der Öffentlichkeit zu steigern. Andererseits braucht die Kinder- und Jugendarbeit einen kontinuierlichen, verlässlichen Rahmen für eine Breitenarbeit, die nur mit einer dauerhaften institutionellen und personellen Förderung möglich ist. Eine feste, solide Infrastruktur ist die Voraussetzung für innovative Projekte (vgl. Kascha 2021).

14.3 Medienarbeit

Medien sind – neben Methoden – Vermittlungsvariable in didaktisch-methodischen Handlungskonzepten, d.h., die Verwendung von Medien in organisierten Lernprozessen dient dazu, geplante Bildungsziele zu erreichen. Die Auswahl von geeigneten Medien ist abhängig von den Adressaten, Zielen, Themen sowie den jeweiligen zeitlichen und institutionellen Kontexten des Bildungsprozesses. Die Entscheidung über ein passendes Medium kann nur im Zusammenhang mit den genannten didaktischen Kategorien getroffen werden (vgl. Schilling 2020, S. 156f.).

Medien werden im pädagogischen Sinne durch drei zentrale Aspekte definiert: a) die technische Beschaffenheit (z.B. Hard- und Software; Bedienung, Mobilität); b) der symbolische Gehalt (z.B. Sprache, Bilder, Grafiken, Zahlen); c) der strukturelle Zustand (z.B. innere Aufbau, Offenheit und Dialogfähigkeit). Alle drei Aspekte bestimmen gemeinsam in einer Wechselwirkung den didaktischen Wert eines Mediums. Sie prägen gemeinsam die Lehr-Lern-Situation und das jeweilige Lernklima in einer Gruppe (vgl. Kron et al. 2014, S. 231).

Im Hinblick auf das didaktische Potenzial eines Mediums kommt dem strukturellen Aspekt eine besondere Bedeutung zu, denn dieser bestimmt den Grad der Offenheit des Mediums und die Möglichkeiten der Lernenden zum Dialog mit dem Inhalt des medialen Angebotes. Mit anderen Worten: Medien werden in der Didaktik als Interaktionsangebote aufgefasst. In dieser Perspektive haben alle Medien nicht einen Wert an sich, sondern der didaktische Aufbau des medialen Lernangebotes ist von zentraler Bedeutung. D.h., Medien sind stets in ein Arbeits- und Lernarrangement eingebunden: Sie werden mit verschiedenen methodischen Elementen verknüpft, die einerseits die Kommunikation der Lernenden miteinander fördern und andererseits zur individuellen und kollektiven Auseinandersetzung der Lernenden mit dem Inhalt des medialen Angebotes anregen.

Die Vielschichtigkeit didaktisch nutzbarer Medien verdeutlicht die folgende Übersicht (vgl. Kron et al. 2014, S. 230; Besand/Sander 2011):

- *selbstinszenierte Medien:* Sprache, Schrift, Theater, Spiele, Musik und Gesang, Speisen und Getränke
- *Printmedien:* Zeitungen/Zeitschriften, Bücher, Comics, Fotos, Karikaturen, Karten, Bilder
- *mechanische Medien:* Mikroskop, Musikinstrumente
- *elektronische Medien:* Radio, Fernseher, Video, CD, DVD, Podcast
- *interaktive elektronische Medien:* Tablet, Smartphone, Internet, Intranet, Chatroom, Blogs, Social-Media-Kanäle, Suchmaschinen, Apps, Games

Angesichts des herausragenden Stellenwertes von Medien in der gegenwärtigen Lebenswelt junger Menschen, gewinnt der didaktisch-methodische Einsatz von Medien in der Kinder- und Jugendarbeit eine besondere Bedeutung. Die Bildungspotenziale einer aktiven Medienarbeit im Handlungsfeld der Kinder- und Jugendarbeit sind sehr groß, da sie einerseits unmittelbar am Alltag junger Menschen anknüpfen und andererseits vielfach nahezu grenzenlose Freiräume zur kreativen Gestaltung eröffnen.

Die Verknüpfung eines Mediums mit einer oder mehreren Methoden im Rahmen eines Bildungsprozesses schafft Gelegenheiten und Räume, um die Aneignung und Verarbeitung von subjektiven Erfahrungen und theoretischem Wissen zu ermöglichen und so einen Bildungsprozess zu initiieren.

14.4 Beratung

Formalisierte Beratungsangebote mit regelmäßigen Sprechzeiten und einem spezifischen Beratungsanlass (z.B. Verschuldung, Suche eines Ausbildungsplatzes, Umgang mit Aids usw.) bilden in der Kinder- und Jugendarbeit eine Ausnahme. Gleichwohl hat die halbformale Beratung – besondere in Einrichtungen der Offenen Kinder- und Jugendarbeit – einen hohen Stellenwert (vgl. Seckinger et al. 2016, S. 32). Dies sind vielfach „Thekengespräche“ oder „Sofagespräche in der Ecke“, bei denen Kinder und Jugendliche eine Unterstützung zur Bewältigung eines Problems in der Schule, dem Elternhaus, mit der Polizei, in der Berufsausbildung oder mit Freunden suchen (vgl. Brüschweiler et al. 2021).

Das Gespräch über ein persönliches Problem ist der Versuch, Hilfe bei einer unabhängigen, neutralen Vertrauensperson zu suchen, ohne sich in die Strukturen eines komplexen Beratungssystems begeben zu müssen, wie es z.B. von Wohlfahrtsverbänden und bei der Agentur für Arbeit angeboten wird.

Halbformalisierte Beratung hat kein institutionalisiertes Setting, sondern geschieht beiläufig und spontan in den vorhandenen räumlichen Gegebenheiten. Sie wird von den je aktuellen emotionalen Befindlichkeiten der Kinder und Jugendlichen geprägt sowie von der persönlichen Beziehung zum pädagogischen Mitarbeiter bzw. zur Mitarbeiterin getragen. Eine halbformalisierte Beratung erfolgt durch hauptamtliche Fachkräfte, die eine Beratung im Rahmen ihrer facettenreichen beruflichen Aufgaben wahrnehmen ohne dafür speziell ausgebildet oder angestellt zu sein und ohne diese Arbeitsform dezidiert als Beratung auszuweisen. Halbformalisierte Beratung ist eine „Querschnittsmethode" (vgl. Nestmann/Sickendiek 2018, S. 110), die andere Anleitungs-, Versorgungs- oder Unterstützungsleistungen ergänzt.

Auf diesem Hintergrund werden Mitarbeiterinnen und Mitarbeiter der Kinder- und Jugendarbeit zu einer Anlaufstelle, die eine „Erste Hilfe" zur Bewältigung eines Problems leisten. Bei schwierigen Problemlagen und der Suche nach dauerhaften Lösungen greifen sie häufig auf ein Netzwerk anderer Beratungs- und Hilfsdienste zurück. Halbformale Beratung ist ein niederschwelliges Angebot, das einen ersten Zugang zur Lebenswelt junger Menschen und deren Sozialraum eröffnet (vgl. Neumann 2021).

Neben halbformaler Beratung nimmt die informelle Beratung durch Freunde, Bekannte oder sonstige Gleichaltrige eine wichtige Funktion ein. Im Bereich verbandlicher Kinder- und Jugendarbeit, aber auch im Bereich offener Angebote, wird pädagogische Arbeit systematisch geplant und organisiert. Der Ablauf folgt in der Regel weitgehend einer vorab geplanten zeitlichen und inhaltlichen Struktur. Das informelle Setting am Rande von organisierten Prozessen bildet einen wichtigen Rahmen für informelle Beratungsgespräche zwischen den Beteiligten, um persönliche Fragen und Probleme mit anderen zu besprechen. D.h. konkret, die Pausen zwischen einzelnen Einheiten sowie die Zeiten vor und nach organisierten Angeboten bieten Raum und Gelegenheiten für informelle Beratungsgespräche. Informelle Beratung ist eine Alltagsberatung unter Freunden, Bekannten, Kollegen, Teilnehmerinnen und Teilnehmern eines Angebotes. Methodische Entscheidungen in systematisch strukturierter Lern- und Bildungsprozessen müssen deshalb so angelegt sein, dass sie ausreichend Gelegenheiten und zeitliche Räume für informelle Beratungsprozesse zwischen allen Beteiligten ermöglichen.

Zusammenfassend ist festzuhalten: Methoden in der Kinder- und Jugendarbeit sind kein Selbstzweck, sondern Gruppen- und Medienarbeit, Projekte und halbformale sowie informelle Beratung bilden immer einen Teilbereich eines umfassenden Handlungskonzeptes, indem Bildungsziele definiert werden und Methoden dazu dienen, diese Ziele zu erreichen. Die Auswahl von geeigneten Methoden und deren Kombination mit Medien orientiert sich stets am didaktischen Kontext, nämlich an den je spezifischen institutionellen Bedingungen und an den je besonderen Voraussetzungen bei den Adressaten. Darüber hinaus beeinflussen die professionellen Kompetenzen und das entsprechende Selbstverständnis des Pädagogen bzw. der Pädagogin die entsprechenden Methoden- und Medienentscheidungen.

Die Methodenvielfalt und die Möglichkeiten zur Verknüpfung mit unterschiedlichen Medien bestimmen u.a. die pädagogische Qualität der Kinder- und Jugendarbeit. Sozialpädagogische Bildungsprozesse werden insbesondere durch den Einsatz von aktivierenden Methoden und Medien angeregt und initiiert, sodass für junge Menschen Kontrasterfahrungen zur methodischen Monokultur in allgemeinbildenden Schulen möglich werden.

Literaturhinweise zur Vertiefung

Besand, Anja; Sander, Wolfgang (2011): Handbuch Medien in der politischen Bildung. 2., aktualisierte Aufl. Schwalbach/Taunus: Wochenschau-Verlag.

Frey, Karl (2012): Die Projektmethode. Der Weg zum bildenden Tun. 12. Aufl. Weinheim und Basel: Beltz Juventa.

Langmaack, Barbara (2017): Einführung in die Themenzentrierte Interaktion. Das Leiten von Lern- und Arbeitsgruppen erklärt und praktisch angewandt. 6., neugestaltete Auflage. Weinheim und Basel: Beltz Juventa.

Nestmann, Frank; Siekendiek, Ursel (2018): Beratung. In: Otto, Hans-Uwe et al. (Hrsg.): Handbuch Soziale Arbeit. 6., überarbeitete Aufl. München: Ernst Reinhardt Verlag. S. 111–120.

Schilling, Johannes (2020): Didaktik/Methodik Sozialer Arbeit. 8., aktualisierte Aufl. München: Ernst-Reinhardt Verlag.

15. Mitarbeiterinnen und Mitarbeiter

Eine Besonderheit der Kinder- und Jugendarbeit – im Unterschied zu anderen Arbeitsfeldern der Kinder- und Jugendhilfe – ist das Nebeneinander von ehrenamtlichem Engagement und hauptamtlicher Tätigkeit. Der Ursprung dieses Spezifikums führt zurück in die Geschichte, denn die Anfänge der Jugendarbeit – vor allem in Verbänden und Vereinen – geht auf ein ehrenamtliches Engagement zurück. Dies hat sich im Verlauf der Geschichte zu einem unverzichtbaren Grundelement im eigenen Selbstverständnis entwickelt. In den 1970er und 1980er Jahren des 20. Jahrhunderts hat die Gründung von zahlreichen Jugendzentren und -treffs sowie offenen Einrichtungen in Westdeutschland zu einer Professionalisierung der Kinder- und Jugendarbeit geführt. Diese Entwicklung wurde ab den 1970er Jahren – ebenfalls im Westen – durch die Gründung von Fachhochschulen mit der Einrichtung von selbstständigen Studiengängen der Sozialpädagogik und Sozialarbeit begleitet. Mit der Einführung des Studienganges Diplom-Pädagogik an einigen Universitäten bestand die Möglichkeit, einen Studienschwerpunkt „Außerschulische Jugendbildung“ zu wählen (vgl. Wischmeier/Macha 2012, S. 155 f.).

Die Akademisierung hat zu einer Professionalisierung der beruflichen Tätigkeiten in der Kinder- und Jugendarbeit geführt, sodass nach den Angaben der amtlichen Kinder- und Jugendhilfestatistik im Jahr 2018 rund 45 % aller Beschäftigten über einen einschlägigen akademischen Abschluss verfügten. Vor dem Hintergrund der jüngeren deutschen Geschichte fallen die entsprechende Anteile in Ostdeutschland geringer und in Westdeutschland höher aus (vgl. Thole et al. 2021, S. 201 f.).

Unterhalb einer akademischen Hochschulqualifikation sind insbesondere Erzieherinnen und Erzieher fachlich einschlägig für Tätigkeiten in der Kinder- und Jugendarbeit ausgebildet. Der Anteil dieser Berufsgruppe an den Beschäftigten in allen Feldern der Kinder- und Jugendarbeit lag im Jahr 2018 bei rund 18 %, sodass in Summe rund 63 % aller Beschäftigten über eine pädagogische Ausbildung verfügten. Rund 22 % weisen eine fachfremde, nicht pädagogische Berufsausbildung auf und rund 15 % der hauptamtlich Beschäftigten in der Kinder- und Jugendarbeit verfügten im Jahr 2018 – laut amtlicher Kinder- und Jugendhilfestatistik – über keinen Ausbildungsabschluss (vgl. Thole et al. 2021, S. 201 f.).

15.1 Ehren- und hauptamtliche Mitarbeiterinnen und Mitarbeiter

Die Zusammenarbeit von ehren- und hauptamtlicher Tätigkeit gewinnt in der verbandlichen Kinder- und Jugendarbeit sowie in Vereinen mit speziellen Angeboten für Kinder und Jugendliche eine besondere Ausprägung. Denn das freiwillige Engagement in der Leitung von Gruppen und die Mitarbeit in verbandsinternen Gremien (Arbeits- und Projektgruppen sowie Vorständen) ist ein unverzichtbares Merkmal jeglicher Verbands- und Vereinsarbeit. Wenn teilweise eine kleine Vergütung für das Engagement erfolgt, so handelt es sich nicht um ein steuerpflichtiges Honorar, sondern – in der Regel – um eine Aufwandsentschädigung. Das angedeutete Selbstverständnis von ehrenamtlichem Engagement bestimmt die Arbeitsbeziehung zwischen haupt- und ehrenamtlichen Mitarbeiterinnen und Mitarbeitern. Die Kernaufgabe hauptamtlicher Mitarbeiter besteht primär in der Aus- und Weiterbildung ehramtlicher Kräfte für die Verbandsarbeit, dem Management der internen Abläufe sowie in der Außenvertretung des Verbandes in politischen Gremien.

Die Arbeitsbeziehung zwischen ehrenamtlichen und hauptamtlichen Mitarbeiterinnen und Mitarbeitern in Vereinen und Verbänden verdichtet sich in der Weise, dass ehrenamtliche Mitarbeiter in entsprechenden Gremien (z. B. im Vorstand eines Verbandes) die Entscheidung über die Anstellung und Entlassung von hauptamtlichen Fachkräften treffen sowie die entsprechende Dienst- und Fachsicht über die Tätigkeit von Hauptamtlichen wahrnehmen.

In der Offenen Kinder- und Jugendarbeit nimmt das ehrenamtliche Engagement eine nachgeordnete Bedeutung ein (vgl. van Santen/Pluto 2021, S. 217f.). Im Vordergrund steht der Kontakt zwischen hauptamtlichen Mitarbeiterinnen und Mitarbeitern sowie Besucherinnen und Besuchern der Einrichtung. Die hauptamtlichen Mitarbeiter sind primär Ansprechpartner für Kinder und Jugendliche. Sie nehmen die Rolle „eines Lebensbegleiters"/„einer Lebensbegleiterin" ein, der/die zur Unterstützung und Beratung bei allen Problemlagen in Familie, Schule, Ausbildung und Beruf zur Verfügung steht. Darüber hinaus entwickeln hauptamtliche Mitarbeiterinnen und Mitarbeiter – häufig auch in Zusammenarbeit mit Honorarkräften – inhaltliche Impulse für Freizeitprogramme der Einrichtung (vgl. BMFSFJ 2017, S. 372f.).

Der Einsatz von Honorarkräften für Programmangebote in der offenen Arbeit bildet solange eine Bereicherung und sinnvolle Ergänzung der Angebote, wie eine feste, stabile hauptamtliche Personalausstattung entsprechend der Größe der Einrichtung vorhanden ist. Wenn allerdings ein überwiegender Anteil der Angebote auf Honorarbasis erfolgt, so ist die Fachlichkeit und Professionalität der pädagogischen Arbeit gefährdet.

In vielen Feldern der Kinder- und Jugendarbeit wird die hauptamtliche pädagogische Tätigkeit durch Personen ergänzt, die einen Freiwilligendienst (z.B. Freiwilliges Soziales Jahr oder Bundesfreiwilligendienst) absolvieren oder durch Personen, die Praktika im Rahmen einer beruflichen Ausbildung (Berufsfachschule oder Fachoberschule) oder eines Studiums an einer Hochschule und Universität absolvieren.

15.2 Merkmale professioneller pädagogischer Arbeitsbeziehungen

Schulabschlüsse sind formale Qualifikationen, die zur Ausübung einer hauptamtlichen Tätigkeit in der Kinder- und Jugendarbeit berechtigen. Sie geben aber keine Sicherheit darüber, ob die komplexen fachlichen Anforderungen im Alltag des Handlungsfeldes professionell so bewältigt werden, dass Bildungsräume sowie -gelegenheiten tatsächlich geschaffen und auch genutzt werden. Denn Theoriewissen allein erzeugt kein gelingendes sozialpädagogisches Handeln, sondern es bedarf immer einer individuellen Transformation auf die konkrete praktische Situation und eine Umsetzung in ein angemessenes pädagogisches Handeln unter den je spezifischen gesellschaftlich und institutionell vorhandenen Gegebenheiten.

Um die Professionalität und Fachlichkeit sozialpädagogischer Bildungsarbeit in der einrichtungsbezogenen Kinder- und Jugendarbeit näher zu erfassen, führt der Blick auf die Arbeitsbeziehungen in diesem Bereich weiter. Es ist ein Blick auf den besonderen Charakter der pädagogischen Beziehung zwischen Fachkräften einerseits sowie Kindern bzw. Jugendlichen als Besucher der Einrichtung andererseits. Drei Merkmale prägen diese besondere Arbeitsbeziehung (vgl. Thole/Pothmann 2021):

a) Die Arbeitsbeziehung ist sehr flexibel, keineswegs unverbindlich, aber situativ eine immer wieder neu herzustellende Beziehung zwischen Pädagoginnen und Pädagogen sowie Kindern und Jugendlichen.
b) Die Arbeitsbeziehung kann als weitgehend diffus beschrieben werden, da die Inhalte sowie die Interaktionsformen nicht über einen konkreten, durchgängig vorhandenen Gegenstand bestimmt werden, sondern sehr

variabel – wie in familialen oder sehr dichten freundschaftlichen Beziehungen – stets neu auszuhandeln sind.

c) Anders als in informellen Settings – wie in der Familie oder in guten Freundschaften – unterliegen die Arbeitsbeziehungen aber einem spezifischen organisatorischen und beruflichen Zusammenhang. Die Herstellung der Arbeitsbeziehungen wird deshalb von zahlreichen Faktoren beeinflusst, wie z. B. rechtliche, sozial- und kommunalpolitische Rahmenbedingungen, die wiederum in komplexe Macht-, Herrschafts- und Kontrollverhältnisse eingebunden sind.

Professionelles pädagogisches Handeln in Einrichtungen der Offenen Kinder- und Jugendarbeit unterliegt vor diesem Hintergrund vielfältigen unauflöslichen Widersprüchen. Handlungsmuster von jungen Menschen geraten häufig in Konflikt mit Normen, Regeln und Erwartungen von Erwachsenen, wenn es z. B. um Lärm, Sauberkeit oder den Umgang mit legalen und illegalen Drogen geht. Professionelles Handeln hat sich diesen Widersprüchen immer wieder neu zu stellen, angemessene Entscheidungen zwischen den Beteiligten auszuhandeln und diese allen gegenüber nachvollziehbar zu begründen.

Das fachliche Können der Mitarbeiterinnen und Mitarbeiter in Einrichtungen der Offenen Kinder- und Jugendarbeit besteht primär darin, mit der Offenheit und Diffusität der Arbeitsbeziehungen umzugehen und die Widersprüche in pädagogischen Situationen auszuhalten und konstruktive Lösungen zu suchen, die dem konzeptionellen Rahmen der Einrichtung gerecht werden.

Die Professionalität sozialpädagogischer Bildung ist eng mit der Reflexivität des eigenen Handelns und dessen spezifischen Kontextbezügen verbunden. Wenn Reflexivität die Beschreibung pädagogischer Interaktionen und Realitäten (= Beschreibungswissen) überschreiten soll, um in tiefere Schichten der Analyse und weiterer Planungen vorzudringen, sind interdisziplinäre Wissensbestände unverzichtbar. Denn nur mit deren Hilfe ist es möglich, sozialpädagogische Situationen fachgerecht zu deuten (= Erklärungswissen), diese in einen übergreifenden Sinn- und Wertzusammenhang zu stellen (= Wertwissen) und auf dieser Grundlage konzeptionelle Veränderungen zu planen (= Veränderungswissen) (vgl. von Spiegel 2021, S. 47 f.).

15.3 Dimensionen eines Qualifikationsprofils

Die für eine reflexive Professionalität in der Kinder- und Jugendarbeit erforderlichen interdisziplinären Wissensbestände sind im Rahmen eines Forschungsprojektes an der Hochschule Kempen zu einem Qualifikationsprofil Jugendarbeit zusammengestellt worden. Das Qualifikationsprofil gliedert sich in sieben Dimensionen mit je mehreren Unterpunkten (vgl. Nick 2021):

1. *Pädagogisch-professionelles Handeln*
- Partizipation ermöglichen
- Bildungsräume und -prozesse gestalten
- verlässliche Vertrauensperson sein
- Fachkooperationen gestalten

2. *Politisches Handeln*
- für Interessen und Beteiligung Jugendlicher einstehen (Lobbyarbeit)
- Befähigung Jugendlicher zu politischer Mitbestimmung
- Freiräume gestalten und verteidigen
- das Arbeitsfeld Jugendarbeit vertreten
- arbeitspolitische Interessen vertreten

3. *Verwaltungshandeln und Organisationsmanagement*
- die eigene Einrichtung und Organisation verwalten
- finanzielle Ressourcen organisieren
- Personal führen und verwalten
- Öffentlichkeitsarbeit leisten

4. *Personale Kompetenzen*
- Herausforderungen fachkundig bewältigen
- Arbeitsalltag selbstständig gestalten
- sozialkompetent handeln
- sich selbst positionieren können
- Bereitschaft, immer wieder Neues zu lernen
- verantwortungsbewusst handeln

5. *Professionelle Berufsidentität*
- Identifikation mit der Jugendarbeit
- professionelles Rollenverständnis entwickeln

6. *Pädagogische Grundhaltung*
- pädagogische Grundprinzipien verkörpern
- kritische Sympathie für Kinder und Jugendliche besitzen
- sich als Person einbringen
- positive Grundeinstellung zu Widerständigem und Unerwartetem
- Reflektieren des eigenen beruflichen Handelns

7. *Wissenschaftlich und theoretische Fundierung*
- spezifische Kenntnisse zu Jugendarbeit und Sozialer Arbeit
- wesentliche Perspektiven und Erkenntnisse der Bezugsdisziplinen
- Strukturwissen
- Wissenschafts- und Theoriebezug in der eigenen Arbeit
- rechtliche Grundlagen
- gesellschaftspolitische Rahmenbedingungen und Entwicklungen

Zusammenfassend ist festzuhalten: Professionelle sozialpädagogische Bildung mit Kindern und Jugendlichen erfordert ein breit angelegtes interdisziplinäres Wissen in Verbindung mit einer personalen und sozialkommunikativen Handlungsfähigkeit, die von einer an der UN-Kinderrechtskonvention orientierten berufsethischen Haltung getragen wird. Wenn es gelingt, die drei Ebenen von Wissen, Können und Haltung in eine produktive Beziehung zueinander zu bringen, so sind damit gute Voraussetzungen geschaffen, um Bildungsprozesse bei Kindern und Jugendlichen anzustoßen und zu begleiten. Ob und mit welcher Intensität Bildungsprozesse angeregt werden, liegt nicht in der Verfügungsgewalt von pädagogischen Mitarbeiterinnen und Mitarbeiter, da Bildungsprozesse immer ein Ergebnis der Selbstbildung sind. Mitarbeiterinnen und Mitarbeiter bieten Räume und Gelegenheiten in Form von personalen und inhaltlichen Impulsen an. Die angestrebte Bildungswirkung hängt dann aber von der individuellen Offenheit und der persönlichen Bereitschaft zur Aneignung und Auseinandersetzung mit den Impulsen ab.

Literaturhinweise zur Vertiefung

Nick, Peter (2021): Anforderungen an Wissen und Können der Fachkräfte der Jugendarbeit und ihre Ausbildung. In: Deinet, Ulrich et al. (Hrsg.): Handbuch Offene Kinder- und Jugendarbeit. 5. vollständig neugestaltete Aufl. Wiesbaden. Springer VS. Bd. 1. S. 139–159.

Thole, Werner; Pothmann, Jens (2021): Fachlichkeit und Professionalität der Mitarbeiter*innen in der Offenen Kinder- und Jugendarbeit. In: Deinet, Ulrich et al. (Hrsg.): Handbuch Offene Kinder- und Jugendarbeit. 5. vollständig neugestaltete Aufl., Wiesbaden: Springer VS. Bd. 1. S. 125–137.

Von Spiegel, Hiltrud (2021): Methodisches Handeln in der Sozialen Arbeit. 7. Aufl. München: Ernst Reinhardt Verlag.

Wischmeier, Inka; Macha, Hildegard (2012): Außerschulische Jugendbildung. Eine Einführung. München: Oldenbourg-Verlag.

16. Bedingungen für ein gelingendes Aufwachsen junger Menschen

Wenn Bildung die zentrale Grundlage für ein gelingendes Aufwachsen von Kindern und Jugendlichen in einer pluralen Gesellschaft darstellt, so müssen entsprechende Zugänge zum Erwerb von Bildung für jeden jungen Menschen vorhanden sein. Mit anderen Worten: Unabhängig vom Geschlecht, Hautfarbe, Religion, sozialer Herkunft und sozialen Milieus braucht es für alle jungen Menschen Chancen und Gelegenheiten sich bilden zu können.

Wenn Bildung eine umfassende Ressource zur Persönlichkeitsentwicklung und Identitätsfindung ist, so kann sich der Erwerb von Bildung nicht auf die Teilnahme am schulischen Unterricht und den Erwerb von formalen Schulabschlüssen beschränken. Bildung als Ressource zur Persönlichkeitsfindung und einer Befähigung zum zivilgesellschaftlichen Engagement braucht Räume und Möglichkeiten auch für nonformelle und informelle Bildungsprozesse, die *allen* interessierten jungen Menschen offenstehen.

Die gegenwärtige gesellschaftliche Wirklichkeit zeigt aber, dass soziale Ungleichheiten bestehen, die entsprechende Zugänge zur Aneignung von Bildung für manche Gruppen in der Gesellschaft einschränken oder sogar verhindern (vgl. Autorengruppe Bildungsberichterstattung 2020). Drei aktuelle Spannungsfelder werden im Folgenden aus der Perspektive sozialpädagogischer Bildung beispielhaft kurz skizziert.

16.1 Soziale Benachteiligung und Armutsrisiken

Es sind nicht die langen Wege in die ökonomische Selbstständigkeit und nicht die Pluralisierung der Lebenslagen von Kindern und Jugendlichen, sondern es sind soziale Ungleichheiten im Elternhaus, die zu gravierenden sozialen Benachteiligungen führen; dies ist insbesondere das Problem der Kinder- und Jugendarmut:

„Armut ist einer der größten Risikofaktoren für die kindliche Entwicklung mit komplexer Langzeitwirkung; sie wirkt mehrdimensional, bestimmt die gesamte Lebenssituation und verringert die Zukunftschancen des jungen Menschen. Je mehr Einkommen die Eltern zur Verfügung haben, umso wahrscheinlicher ist ein Kinderleben im Wohlergehen. Kinder und Jugendliche sind die am stärksten armutsgefährdete Bevölkerungsgruppe in Deutschland, […]“ (Holz 2016, S. 404).

Was bedeutet es für einen jungen Menschen in einer Wohlstandgesellschaft arm zu sein? In der Armutsforschung wird eine Grundunterscheidung zwischen absoluter und relativer Armut getroffen. *Absolute Armut* bezeichnet eine Lebenssituation, in der alltägliche Grundbedürfnisse nach Ernährung, Kleidung und Wohnung nicht mehr abgedeckt werden, so wie es in manchen Ländern des globalen Südens gegeben ist. Die *relative Armut* meint eine Lebenssituation mit mehr oder weniger abgestuften Formen materieller Knappheit, sozialer Benachteiligung und sozialer Ausgrenzung. Relative Armut in einem Wohlfahrtsstaat ist demzufolge als eine Unterversorgung und Beeinträchtigung in verschiedenen Lebensbereichen zu verstehen (vgl. Zander 2021, S. 402 f.):

- *Unterversorgung mit der materiellen Grundausstattung:* Ernährung, weil das Essengeld für die Kita oder Schule nicht vorhanden ist; Kleidung, weil eine witterungsgemäße Kleidung fehlt; Wohnung, weil ein kindgerechtes Wohnumfeld fehlt.
- *Beeinträchtigung der Gesundheit:* Unzureichende Ernährung; häufige Erkrankungen; seltene Teilnahme an Vorsorgeuntersuchungen.
- *Beeinträchtigung von sozialen Kontakten und Gleichaltrigenbeziehungen:* Geringe Teilhabe an außerschulischen Freizeitangeboten, weil diese kostenpflichtig sind; wenige Einladungen zu sich nach Hause wegen beengter Wohnverhältnisse; Geburtstagsfeiern mit nur wenigen oder keinen Freunden, weil es zu teuer wird.
- *Einschränkungen von Bildungs- und Erfahrungsmöglichkeiten:* Die Eltern können bei den Hausaufgaben nicht helfen; eine Nachhilfe ist nicht bezahlbar; eine geringe Teilhabe an außerschulischen Bildungsmöglichkeiten, z. B. das Erlernen eines Musikinstrumentes ist selten; der Besuch eines Kinos, Theaters und Museums bildet eine Ausnahme; familiäre Urlaube im Ausland, die ein Kennenlernen anderer Länder und Kulturen ermöglichen, entfallen.
- *Einschränkungen bei der Entwicklung von individuellen Fähigkeiten und Neigungen:* Für Mitgliedschaften in Sportvereinen und das Erlernen eines Instrumentes ist kein Geld vorhanden; ebenso mangelt es an Geld für andere Hobbies.

- *Einschränkung der Teilhabemöglichkeit und geringes Selbstbewusstsein des Kindes:* Arme Kinder fühlen sich ausgeschlossen, weil sie mit anderen Gleichaltrigen nicht mithalten können; infolgedessen ziehen sie sich zurück und trauen sich weniger zu; sie verfügen über ein geringes Selbstbewusstsein.

Die materiellen und immateriellen Benachteiligungen sind – je nach der familiären Situation – sehr verschieden ausgeprägt. Nachweislich gibt es – je nach gesellschaftlicher Definition – unterschiedlich abgestufte Schweregrade in der Definition von Armut: Wenn junge Menschen in einem Haushalt aufwachsen, dessen Einkommen 60 % unterhalb des durchschnittlichen Nettoeinkommens liegt, so wird formal von einer „Armutsgefährdung" ausgegangen. Wenn sie in einem Haushalt aufwachsen, dessen Einkommen unter 50 % des durchschnittlichen Nettoeinkommens liegt, so gelten Kinder und Jugendliche als „relativ arm". Wenn sie in einem Haushalt aufwachsen, dessen Einkommen knapp über 40 % des durchschnittlichen Nettoeinkommens liegt, also Haushalte, die vom SGB II (Grundsicherung für Arbeitssuchende/Hartz-IV) oder vom SGB XII (Sozialhilfe) Bezug leben, so gelten Kinder und Jugendliche in diesen Elternhäusern als „streng arm" (vgl. Zander 2021, S. 403).

Nach einschlägigen Sozialstatistiken sind die Armutsrisiken besonders hoch bei Familien mit einer Zuwanderungsgeschichte sowie bei Kindern von Alleinerziehenden nach der Trennung und Scheidung der Eltern. Am geringsten ist dagegen das Armutsrisiko bei qualifizierten erwerbtätigen jungen Menschen gegeben, also bei denjenigen, die eine Berufsausbildung oder ein Studium erfolgreich abgeschlossen haben und den Übergang in die Erwerbstätigkeit geschafft haben (vgl. BMFSFJ 2017, S. 151 f.).

Armut wird zu einem zentralen Entwicklungsrisiko für Kinder und Jugendliche, weil diese häufig mit anderen familiären Problematiken eng verstrickt ist; teilweise wird Armut auch durch andere Probleme hervorgerufen. „Die Armut verursachenden Ausgangslagen sind oft schlimmer als die Armut selbst: Armut ist nicht selten mit zusätzlichen Entwicklungsrisiken wie Trennung und Scheidung der Eltern, Erwerbslosigkeit eines Elternteils oder gar beider Elternteile, chronische oder psychische Erkrankung eines Elternteils, unfreiwillige Migration, Flucht und Verfolgung, Gewalt- oder Suchtproblematiken in der Familie verbunden, […]" (Zander 2021, S. 405 f.).

Sozialpädagogische Bildung in der Kinder- und Jugendarbeit kann die komplexen familiären Probleme nicht lösen, aber sie kann dazu beitragen, im Alltag junger Menschen Ressourcen zu aktivieren, die eine Bewältigung der schwierigen Lebenslage im Elternhaus unterstützen. Angebote sozialpädagogischer Bildung sind ein methodischer Ansatz des Empowerments und der Resilienzförderung, um Kinder und Jugendliche stark zu machen, damit sie lernen mit den familiären Belastungen umzugehen.

Angebote der Offenen Kinder- und Jugendarbeit im Stadtteil oder im Dorf nehmen häufig die Funktion einer „Anlaufstelle" ein, die es ermöglicht, persönliche oder familiäre Probleme einer erwachsenen Person des Vertrauens mitzuteilen und mit dieser nach geeigneten Hilfemöglichkeiten zu suchen; dies geschieht vielfach beiläufig und informell. Darüber hinaus sind kulturelle, sportliche und soziale Angebote der Offenen Kinder- und Jugendarbeit in der Regel kostenfrei, sodass für alle Kinder und Jugendlichen eine Teilnahme möglich wird.

16.2 Migrationserfahrungen

Nach der Bevölkerungsstatistik aus dem Jahr 2014 haben ca. 20 Prozent der Gesamtbevölkerung in Deutschland einen Migrationshintergrund. Und „[...] über ein Viertel aller Jugendlichen und jungen Erwachsenen *(kommt J. F.)* aus Familien, in denen mindestens ein Elternteil nach Deutschland eingewandert ist" (BMFSFJ 2017, S. 140). Eine detaillierte, weiterführende Darstellung der komplexen Migrationszusammenhänge würde den Rahmen dieses Leitfadens überschreiten, sodass hier lediglich auf einige grundlegende Aspekte kurz hingewiesen wird:

- Die jüngere Migrationsgeschichte hat in Deutschland nach 1960 mehrere Phasen der Zuwanderung mit unterschiedlichen Ausprägungen durchlaufen: „Die Anwerbung von Arbeitsmigranten, der Familiennachzug, die Flucht- und Asylmigration, die Zuwanderung von Aussiedlern und die Osterweiterung der europäischen Union verbunden mit neuen Formen der Arbeitsmigration waren prägend" (Haug 2014, S. 605). D.h., die individuellen Erfahrungen im Kontext der Migration sind keineswegs homogen, sondern außerordentlich heterogen und vielschichtig.
- Nach der ersten Generation von Zuwanderern, die aus dem Ausland nach Deutschland kamen, wurde die sogenannte zweite Generation bereits in Deutschland geboren. Sie verfügt in der Regel über die deutsche Staatsangehörigkeit, teilweise zusätzlich auch über eine weitere Staatsangehörigkeit in Verbindung mit dem Herkunftsland der Eltern.

- Die regionale Verteilung von Menschen mit Migrationserfahrungen weist starke Unterschiede auf: „Während in eigenen westdeutschen Städten und Stadtteilen sowie in Berlin der Anteil der jungen Menschen, die selbst oder deren Eltern in die Bundesrepublik eingewandert sind, 50 Prozent und mehr erreicht, haben viele junge Menschen in den östlichen Flächenländern keine oder kaum Alltagserfahrung mit Menschen, die selber oder deren Eltern migriert sind" (BMFSFJ 2017, S. 139).
- Der Migrationserfahrungen junger Menschen haben einen Einfluss auf die Teilhabe an Bildungschancen. Nach dem Bildungsbericht 2020 verdichten sich ungleiche Teilhabeerfahrungen besonders stark bei jungen Erwachsenen im Alter von 19 bis 25 Jahren (vgl. Autorengruppe Bildungsberichterstattung 2020, S. 69).

Unabhängig von den je spezifischen Migrationszusammenhängen führt das Verlassen des Herkunftslandes und seiner Kultur und die Einwanderung in ein fremdes Land zu einer „Identitätserschütterung". Denn alles, was im bisherigen Leben bedeutsam war, wie z. B. die Sprache, Verhaltensweisen, Wertvorstellungen usw., zählen in der neuen Umgebung nicht mehr in gleicher Weise. Jugendliche erscheinen im Migrationsprozess besonders gefährdet, denn ihr eigener Individuationsprozess ist noch nicht abgeschlossen, und sie sind gezwungen, mitten im Aufbau ihrer Persönlichkeit das vertraute Bezugssystem (Peergruppe, Schule, Freundschaften) zu verlassen und sich innerhalb kürzester Zeit völlig neu zu orientieren (vgl. Freise 2017, S. 49 f.)

Eine Einwanderungsgesellschaft mit einer sozialen und kulturellen Vielfalt braucht Lern- und Experimentierräume für die Identitätsarbeit, in der kulturelle Unterschiede anerkannt und die Suche nach hybriden Identitäten gezielt unterstützt wird. D.h. eine solche Gesellschaft braucht Lern- und Bildungsräume, die „eine Vermischung von Elementen aus unterschiedlichen kulturellen Zusammenhängen im Selbst- und Weltverständnis der Individuen" (Scherr 2021b, S. 728) zu einer neuen hybriden Identität fördert.

Darüber hinaus braucht eine postmigrantische Gesellschaft Räume und Lerngelegenheiten, in denen Integration, Inklusion, Anerkennung und Partizipation unmittelbar im Lebensalltag der Bürgerinnen und Bürger konkret erleb- und erfahrbar werden (vgl. Freise 2017, S. 58 f.). Die Kinder- und Jugendarbeit kann diese Räume und Lerngelegenheiten für entsprechende Bildungsprozesse zur Identitätsarbeit und zur Förderung des gesellschaftlichen Zusammenhalts zur Verfügung stellen.

16.3 Demografischer Wandel und ländliche Räume

Mit dem Begriff „demografischer Wandel“ werden unterschiedliche Entwicklungen in der Zusammensetzung der Bevölkerung bezeichnet, z. B. Veränderungen der Geburten- und Sterbezahlen sowie des Durchschnittsalters usw. „Laut Rostocker Zentrum für die Erforschung des Demographischen Wandels kann konstatiert werden: Das mittlere Alter der Bevölkerung in Deutschland betrug 1910 noch 23,6 Jahre, 2013 waren es bereits 44,2 Jahre. Für das Jahr 2030 ist ein mittleres Alter von über 47 Jahren zu erwarten. Die Bevölkerungszahl und insbesondere die Zahl der Menschen im erwerbsfähigen Alter werden deutlich sinken. Diese demographische Entwicklung hat weitreichende Folgen und fast alle Politikbereiche werden davon betroffen sein“ (vgl. BMFSFJ 2020, S. 92).

Die angedeuteten Entwicklungen verlaufen nicht einheitlich, sondern regional außerordentlich unterschiedlich. Die Differenzen werden insbesondere zwischen Ost- und Westdeutschland sowie zwischen urbanen Zentren (z. B. Berlin, Hamburg, München, Köln) und ländlichen Peripherien erkennbar. Die vordergründig abstrakten Zahlen haben für Kinder und Jugendliche, aber ebenso für das Handlungsfeld der Kinder- und Jugendarbeit eine weitreichende Bedeutung.

Einerseits stehen der Erhalt und die Qualität der sozialen Infrastruktur für junge Menschen zur Disposition. Kindertagesstätten und Grundschulen werden in Dörfern geschlossen und weiterführende Schulen müssen in der Kleinstadt zusammengelegt werden, wenn die Zahl der Kinder und Jugendlichen in peripheren ländlichen Räumen dauerhaft sinkt und die erforderliche Klassenstärke dauerhaft nicht mehr erreicht werden kann. In dieser Situation werden in der Kommunalpolitik Stimmen lauter, die den Erhalt des Jugendtreffs im Dorf infrage stellen, da sich das Angebot wegen der geringen Zahl junger Menschen im Dorf nicht mehr lohne. Und bei Verbänden und Vereinen wird es ebenfalls schwierig, Angebote für Kinder und Jugendliche aufrecht zu erhalten, wenn die entsprechende Nachfrage aufgrund sinkender Zahlen junger Menschen im Dorf dauerhaft rückläufig ist. Anders formuliert, die Auswirkungen des demografischen Wandels werden in peripheren ländlichen Räumen besonders drastisch sichtbar, während diese Entwicklung in großstädtischen Zentren kaum erkennbar wird (vgl. Dettmer/John 2020).

Andererseits verschieben sich mit dem demografischen Wandel politische Interessenslagen: „Für eine schrumpfende jüngere Generation ergibt sich zudem das Problem, ob und in welcher Weise von den politischen Verantwortungsträgern ihre Interessen im Vergleich zu denen einer mehrheitlich älteren Bevölkerung wahrgenommen werden" (BMFSFJ 2020, S. 92). Mit anderen Worten der demografische Wandel führt zu einer Verschiebung politischer Gewichte und Machtverhältnisse in Staat und Gesellschaft und wirft die Frage auf „Wer bemächtigt sich peripherer Regionen?" (Engel/Kaschlik (2012).

Auf diesem Hintergrund kommt Jugendverbänden, Vereinen und Einrichtungen der Offenen Kinder- und Jugendarbeit eine besondere Bedeutung zu, nämlich die Belange junger Menschen in die politische Diskussion aktiv auf den verschiedenen Ebenen einzubringen. Dies geschieht u.a. auch dadurch, dass jungen Menschen ein institutioneller Rahmen zur Artikulation ihrer spezifischen Interessen angeboten wird. Die Findung und Klärung eigener Interessen, deren Formulierung und öffentliche Vertretung in Auseinandersetzung mit anderen gegenläufigen Interessen führt zu grundlegenden nonformellen und informellen Bildungsprozessen, deren Wert für die persönliche Identitätsfindung und ein gesellschaftliches Engagement nicht hoch genug eingeschätzt werden kann (vgl. Ahlrichs 2019).

Zusammenfassend ist festzuhalten: Die drei hier beispielhaft angedeuteten Spannungsfelder sozialer Ungleichheiten enthalten ein hohes Risikopotenzial gesellschaftlicher Exklusion und sozialer Ausgrenzung junger Menschen vom gesellschaftlichen Leben. Sie produzieren permanent Mechanismen sozialer Benachteiligung, die besonders junge Menschen in ihren weiteren Zukunftschancen einschränken und beschneiden.

Sozialpädagogische Bildung in der Kinder- und Jugendarbeit eröffnet Chancen zu einer verstärkten gesellschaftlichen Teilhabe, indem sie Kinder und Jugendliche ermutigt, ihre Interessen wahrzunehmen, diese selbst zu artikulieren und ihre Stimme in der Öffentlichkeit zu erheben. Im Bereich der Offenen Kinder- und Jugendarbeit kann sie – besonders auch für ressourcenärmere Familien – wesentlich dazu beitragen, gesellschaftliche Spaltungen zu begrenzen und ansatzweise abzubauen. Das soziale Zusammenleben, Schule, Ausbildung, Beruf und Gesundheit sind grundlegende Bereiche für ein gelingendes Aufwachsen junger Menschen, zu deren erfolgreicher Bewältigung sozialpädagogische Bildung wichtige Beiträge liefert.

Literaturhinweise zur Vertiefung

Bundesministerium für Arbeit und Soziales (Hrsg.) (2017): Lebenslagen in Deutschland. 5. Armuts- und Reichtumsbericht der Bundesregierung. Berlin.

Faulde, Joachim et al. (Hrsg.) (2020): Jugendarbeit in ländlichen Regionen. Regionalentwicklung als Chance für ein neues Profil. Weinheim und Basel: Beltz Juventa.

Fendrich, Sandra (2021): Auswirkungen des demographischen Wandels auf die Arbeitsfelder der Kinder- und Jugendhilfe. In: Böllert, Karin (Hrsg.): Kompendium Kinder- und Jugendhilfe. Wiesbaden: Springer VS. Bd. 2. S. 1645–1665.

Freise, Josef (2017): Kulturelle und religiöse Vielfalt nach Zuwanderung. Theoretische Grundlagen, Handlungsansätze, Übungen zur Kultur- und Religionssensibilität. Schwalbach/Taunus: Wochenschau-Verlag.

Laubstein, Claudia et al. (2017): Armutsmuster in Kindheit und Jugend. Längsschnittbetrachtungen von Kinderarmut. Gütersloh: Bertelsmann-Stiftung.

Zander, Margherita (2021): Kinder- und Jugendarbeit: Wie taub ist eine Gesellschaft? In: Deinet, Ulrich et al. (Hrsg.): Handbuch Offene Kinder- und Jugendarbeit. 5. Aufl. Wiesbaden: Springer VS. Bd. 1. S. 402–416.

17. Bildungspotenziale der Kinder- und Jugendarbeit

Kindheit und Jugend sind eigenständige Phasen im Lebenslauf junger Menschen, die mit vielen Entwicklungsaufgaben verbunden sind. Eine zufriedenstellende Bewältigung der altersspezifischen Entwicklungsaufgaben ist die unabdingbare Voraussetzung, um später als Erwachsener zu einer eigenverantwortlichen und gemeinschaftsfähigen Lebensführung zu gelangen. Kindheit und Jugendphase sind die Zeit des Aufbaus einer unverwechselbaren Ich-Identität des Individuums. Erziehung und Bildung sind unverzichtbare Hilfen für junge Menschen, um die Herausforderungen einer modernen Gesellschaft subjektiv zufriedenstellend und gesellschaftlich zukunftsweisend zu bewältigen.

Das schulische Bildungssystem mit seiner Ausrichtung auf den Erwerb formaler Abschlüsse leistet einen bedeutenden Beitrag, um junge Menschen zu einer eigenständigen Lebensführung zu befähigen. Die individuellen und familiären Bedingungen für das Aufwachsen von Kindern und Jugendlichen sind jedoch so unterschiedlich, dass die pädagogische Unterstützung auf diesem Weg – aus unterschiedlichen Gründen – nicht oder häufig nur bedingt wirksam wird und das Erreichen der angestrebten Ziele der Eigenständigkeit und Gemeinschaftsfähigkeit infrage steht.

Darüber hinaus sind die Anforderungen an die Entwicklung einer individuellen und sozialen Ich-Identität in der modernen Gesellschaft im Sinne eines mündigen Subjektes gegenwärtig so komplex, dass die Institution Schule allein den vielschichtigen pädagogischen Herausforderungen der Moderne nicht in der erforderlichen Weise gewachsen zu sein scheint.

In diesem Kontext entfaltet sozialpädagogische Bildung in der Kinder- und Jugendarbeit Potenziale, die ein gelingendes Aufwachsen von Kindern und Jugendlichen – in Ergänzung zur schulischen Bildung – unterstützen und fördern. Eine nähere Bestimmung sozialpädagogischer Bildungspotenziale wird durch den Focus auf drei grundlegende Kategorien der Sozialpädagogik möglich: „Übergänge“, „Partizipation“ und „Lebensbewältigung“.

17.1 Übergänge begleiten

Die zunehmende Endstandardisierung von Lebensläufen und die Fragmentierung empirischer Forschungsbefunde hat das Theoriekonzept der Übergänge zu einem heuristischen Konzept gemacht. „Es sensibilisiert dafür, dass selbstverständliche und scheinbar eindeutige Formen der Regulierung brüchig geworden sind, dass Rituale und Institutionen nicht mehr zuverlässig das Ankommen in der nächsten Lebensphase garantieren, sodass Übergänge bearbeitet und hergestellt werden müssen“ (Walther/Stauber 2013, S. 37).

Das Theoriekonzept der Übergänge verfolgt ein doppeltes Ziel: Es will einerseits die Schnittstellen zwischen den biografischen Verläufen und gesellschaftlichen Strukturen theoretisch erklären und transparent machen sowie andererseits einen Horizont für praktisch-pädagogische Handlungsanforderungen skizzieren. Um die Beziehungen zwischen Subjekt und Sozialstruktur differenziert erfassen zu können, wird in der neueren Forschung zur Kindheitspädagogik – neben dem Begriff „Übergang“ – auch der Begriff „Transition“ verwendet (vgl. Walther/Stauber 2020). Der Bedeutungsgehalt beider Begriffe kann im Kern als synonym betrachtet werden, deshalb wird im Folgenden auf den Begriff „Transition“ verzichtet.

Was bezeichnet der Begriff „Übergang“? „Gemeinsam ist den verschiedenen Konzepten, die Vorstellung von Übergängen als Interaktionen und die Beobachtung, dass Übergänge prinzipiell Zonen der Unsicherheit und der Verwundbarkeit darstellen – sowohl für die gesellschaftliche Ordnung [...] als auch für die Individuen und deren Lebensentwurf – im Sinne einer an die bisherige Biografie anschlussfähige Identitätsbalance für die Zukunft – die auf dem Spiel steht“ (Walther/Stauber 2013, S. 29 f.).

Demnach sind Übergänge in ein Interaktionsgefüge eingebunden, und sie fordern eine Eigenaktivität des Individuums heraus. Dies sind Anstrengungen und Bemühungen des Individuums, um Veränderungen einzuleiten, die einen neuen persönlichen Zustand herbeiführen und die Übernahme neuer sozialer Rollen ermöglichen. Der Ausgang dieser Bewegung ist unsicher und offen, da der Anschluss an bisherige Verhaltensmuster und vorhandene normative Orientierungen erst im Verlauf des Übergangs gesucht und neu hergestellt werden muss.

In der theoretischen Analyse von Übergängen wird zwischen entwicklungsbezogenen und institutionellen Übergängen unterschieden, obgleich im je konkreten Prozess des Aufwachsens beide eng miteinander verwoben sind (vgl. Böhnisch 2018, S. 266 f.). Der Unterschied zwischen beiden Formen besteht im analytischen Blick auf den Übergang und den jeweils unterschiedlichen Ausgangspunkt.

Die *entwicklungsbezogene Sicht* von Übergängen beginnt bereits in der frühen Kindheit mit dem Erlernen des aufrechten Ganges, der körperlichen Motorik, der Sprache, der allmählichen Aneignung von Normen und Werten. Sie setzt sich in der Jugendzeit fort mit der Entwicklung einer geschlechtsbezogenen Identität, einer langsamen Ablösung vom Elternhaus, dem allmählichen Aufbau fester Beziehungen zu Gleichaltrigen und später im jungen Erwachsenenalter mit der Gründung einer eignen Familie. Diese kurzen Hinweise auf entwicklungsbezogene Übergänge zeigen, im Mittelpunkt stehen altersspezifische Entwicklungsaufgaben, die jeweils individuell zu bewältigen sind.

Die *institutionelle Perspektive* auf Übergänge beginnt mit dem Besuch einer Kindertagesstätte, dem Eintritt in die Grundschule und später dem Wechsel zu einer weiterführenden Schule. In der Jugendzeit setzt diese sich – in der Regel – mit dem Abschluss der Schule fort, an den sich eine Berufsausbildung oder ein Studium anschließt. Der Eintritt in die Berufs- und Arbeitswelt sowie eine Hochzeit bilden für viele junge Menschen einen gewissen Abschluss von Übergängen der Jugendzeit und dem jungen Erwachsenenalter. Die institutionelle Sicht von Übergängen konzentriert sich damit auf gesellschaftliche Rahmungen des individuellen Lebenslaufes.

Es ist hier ausdrücklich hervorzuheben, dass die angedeuteten Verläufe von entwicklungsbezogenen und institutionellen Übergängen natürlich idealtypische Konstrukte darstellen, die in den individuellen Biografien von Kindern, Jugendlichen und jungen Erwachsenen sehr unterschiedliche Verläufe nehmen und häufig Eigendynamiken entwickeln. Ebenso vollziehen sich institutionell gerahmte Übergänge in der Alltagspraxis vieler Institutionen anders als es deren formaler Auftrag und die jeweilige Zielsetzung vorsieht.

Je stärker individuelle Biografien nicht linear verlaufen und strukturelle Rahmungen Schwächen und Defizite offenbaren, umso mehr wird eine Begleitung und Unterstützung junger Menschen erforderlich, damit sie die individuellen, altersspezifischen Entwicklungsaufgaben bewältigen und den gesellschaftlichen Herausforderungen gewachsen sind.

Für eine gelingende Bewältigung von Übergängen braucht es eine ausreichende psycho- und soziodynamische Unterstützung, um jeweils individuell zu lernen, produktiv mit den inneren, altersspezifischen Aufgaben und äußeren, gesellschaftlichen Herausforderungen umzugehen. Das Elternhaus ist die grundlegende Instanz und die unverzichtbare Basis dazu; häufig aber reicht diese Unterstützung nicht aus, da die Beziehung zu den Eltern belastet oder gestört ist, nicht selten sogar weitgehend ausfällt. Die Schule kann wichtige Beiträge liefern, wenn sie jungen Menschen ein Selbstwertgefühl und Anerkennung vermittelt. Sie kann aber ebenso auch starke gegenläufige Kräfte freisetzen, wenn jungen Menschen eine Wertschätzung und Anerkennung in der Schule vorenthalten wird. Auf diesem Hintergrund kann sozialpädagogische Bildung in der Kinder- und Jugendarbeit wichtige Impulse zur Aneignung und Bewältigung der altersspezifischen Entwicklungsaufgaben in biografischen und institutionellen Übergängen leisten (vgl. Krisch/Oehme 2013).

Sozialpädagogische Bildung fördert Transformationsprozesse in den Übergängen, indem sie zur Neustrukturierung des bisherigen biografischen Wissens, zur Einübung in neue Verhaltensmuster anregt und zur Übernahme neuer Rollen in der nächsten Entwicklungsphase ermutigt (vgl. Truschkat 2013, S. 57). Damit unterstützt sozialpädagogische Bildung Kinder und Jugendliche beim Erwachsenwerden und setzt Impulse auf dem Weg zur Mündigkeit im Dschungel gesellschaftlicher Komplexität, Vielfalt und Unübersichtlichkeit (vgl. Thole et al. 2021, S. 333f.).

17.2 Partizipation ermöglichen

Bildung hat stets zwei Seiten im Blick: Das Ich und die Welt; das Individuum und die Gesellschaft in der Perspektive der Soziologie. Die Kategorie „Übergänge" richtet den Blick primär auf das Individuum und dessen entwicklungsbezogene Veränderungen in der Kindheit und Jugendphase. Mit der Kategorie „Partizipation" wird eine Perspektiverweiterung vorgenommen, indem einerseits von Institutionen und deren Verflechtung in gesellschaftliche Strukturen ausgegangen und andererseits zugleich nach subjektiven Handlungsspielräumen für Individuen im Netzwerk von Institutionen gefragt wird. Mit anderen Worten der Focus Partizipation richtet den Blick auf die Gestaltungsmöglichkeiten von sozialen Räumen durch Individuen und deren vorgegebene formale und inhaltliche Struktur.

Der Begriff „Partizipation" ist sehr breit interpretierbar und die entsprechenden Vorstellungen, was damit bezeichnet wird, variieren. „Partizipation ist als Sammelbegriff für demokratisch begründete Formen der Mitwirkung, Mitbestimmung und Selbstbestimmung zu verstehen" (Wolff 2016, S. 1053). Verschiedene Autoren haben sich um eine Kategorisierung des Begriffs „Partizipation" bemüht, indem sie verschiedene Niveaus zwischen den Polen

Fremd- und Selbstbestimmung herausgearbeitet haben, d. h., der Grad der Einflussnahme und Mitgestaltung kann – je nach institutionellem Kontext – sehr unterschiedlich sein: Es wird von Partizipation gesprochen, wenn Personen über die Entscheidungen anderer informiert werden. Es geht ebenfalls um Partizipation, wenn Personen zwischen zwei vorgegebenen Alternativen entscheiden können, und es wird auch von Partizipation gesprochen, wenn Entscheidungen – selbstbestimmt – ohne Einflussnahme Anderer getroffen werden. Der strukturelle Kontext und das jeweilige Selbstverständnis der pädagogischen Fachkräfte bestimmen letztlich die konkreten Formen einer praktischen Realisierung der Partizipation.

Im Mittelpunkt der unterschiedlichen Formen von Partizipation steht immer die Einbeziehung von Kindern und Jugendlichen in Entscheidungen über die Gestaltung und Nutzung von Räumen sowie die gemeinsame Vereinbarung von sozialen Regeln, Normen und Werten für das Zusammenleben im jeweiligen (Lebens-)Raum: Dies kann ein realer Raum in einem Gebäude sein, wenn dieser z. B. mit Farben und Einrichtungsgegenständen neu ausgestattet werden soll. Ebenso können es Entscheidungen zur Planung und Durchführung von Projekten für die Gestaltung eines Sozialraums sein, z. B. in einem Stadtteil oder in einem Dorf. Denn dies ist die Lebenswelt von Kindern und Jugendlichen, in der sie ihren Alltag verbringen, das Elternhaus sich befindet, sie zur Schule gehen und der Jugendtreff seine Räume hat. Ebenso können es aber auch Entscheidungen sein, die die Gestaltung eines virtuellen Raums betreffen, wenn es z. B. um Formen und Inhalte einer digitalen Präsenz in den neuen Medien geht oder auch deren Nutzung geplant wird.

Partizipation ist immer ein kommunikativer Prozess, in dem unterschiedliche Interessen und Vorstellungen der Beteiligten zur Sprache kommen und in dem eine Verständigung über eine anstehende Entscheidung gemeinsam zu suchen ist. Dieser kommunikative Prozess ist häufig sehr mühevoll und zeitintensiv, gleichwohl ist dieser Weg notwendig und unverzichtbar, wenn Partizipation zu einer wirklichen Beteiligung und Einbeziehung an Entscheidungen werden soll. Und je grundsätzlicher die zu treffenden Entscheidungen sind, umso mehr Zeit und Raum braucht deren Vorbereitung. Und wenn eine echte, umfassende Beteiligung junger Menschen angestrebt wird, so erfordert diese auch eine vollständige Transparenz der Rahmenbedingungen innerhalb derer die Entscheidung zu treffen ist.

Die gemeinsame Suche nach Entscheidungen in einem Feld unterschiedlicher Interessen, Kompetenzen und Verantwortlichkeiten ist ein Lernprozess zur Einübung von Demokratie. Denn die gesellschaftlichen Erfahrungen der jüngsten Gegenwart zeigen, die Staats- und Regierungsform Demokratie ist nicht selbstverständlich gegeben, sondern sie ist das Ergebnis eines langen, umfangreichen Lernprozesses, der durch die konkrete Mitgestaltung von Räumen und gemeinsamen Vereinbarungen von sozialen Regeln, Normen und Werten für das alltägliche Zusammenleben beginnt. Insofern ist die Partizipation von Kindern und Jugendlichen an Entscheidungsprozessen ein grundlegender Beitrag der Kinder- und Jugendarbeit zur Demokratiebildung (vgl. BMFSFJ 2020, S. 382f.).

Aus der Sicht junger Menschen ist Partizipation im Sinne einer Beteiligung an Entscheidungen ein Ausdruck der Anerkennung und Wertschätzung der Person mit den je eigenen Interessen und Fähigkeiten. Es ist ein Prozess der Wahrnehmung des Individuums mit seiner Lebensgeschichte und den je besonderen Persönlichkeitsmerkmalen, die im Alltag der Institution Schule vielfach in den Hintergrund treten. Die Berücksichtigung individueller Bedürfnisse ist zugleich eine wichtige psychosoziale Entwicklungsvoraussetzung auf dem Weg zu einer eigenverantwortlichen und gemeinschaftsfähigen Persönlichkeit, indem nämlich die Voraussetzung für eine Erfahrung der Selbstwirksamkeit geschaffen wird. Mit anderen Worten junge Menschen können im Rahmen von Beteiligungsprozessen erfahren, dass sie mit ihrer Person und ihrem Handeln etwas anstoßen, bewirken und gestalten können. Und wenn sie merken, dass ihre Vorstellungen zu spürbaren positiven Veränderungen beitragen, so entstehen wichtige entwicklungsfördernde Selbstwirksamkeitserfahrungen, die zu einer bedeutsamen Steigerung des persönlichen Selbstwertgefühls führen (vgl. Wolff 2016, S. 1060f.).

Partizipation und Beteiligung bedeuten aus der Sicht von pädagogischen Fachkräften, die Bedürfnisse und Interessen von jungen Menschen wahrzunehmen, diese ernst zu nehmen und ihnen ausreichend Raum und Zeit im Alltag der Institution zu geben. Eine Orientierung an den Bedarfen junger Menschen stellt nicht selten vorhandene Strukturen und Verhältnisse infrage und verlangt vielfach nach neuen Formen und Inhalten pädagogischen Handelns. Offenheit und Ambivalenzen zuzulassen und sie auszuhalten sowie diese produktiv in kreativer Weise immer wieder neu zu gestalten; dies gehört zu den grundlegenden Basiskompetenzen pädagogischer Mitarbeiterinnen und Mitarbeiter in der Kinder- und Jugendarbeit.

Im Gefüge pädagogischer Institutionen ist die Kinder- und Jugendarbeit „[…] das einzige institutionell gesicherte und staatlich geförderte pädagogische Handlungsfeld, indem Kinder und Jugendliche jenseits der Dominanz Erwachsener eigenständig Bildungs-, Aneignungs- und Erfahrungsräume gestalten und nutzen können. Die Pädagogik der Kinder- und Jugendarbeit beruht nicht zuletzt auf einer vorbehaltlosen Akzeptanz und Wertschätzung von Kindern und Jugendlichen; und während eine solche Anerkennung junger Menschen in allen anderen Bereichen der Gesellschaft stets mit Erwartungen, Gegenleistungen und […] Unterwerfungen verbunden ist, markiert die Kinder- und Jugendarbeit […] eine Ausnahme, indem im Rahmen ihrer Projekte potenziell Anerkennung ohne Unterwerfung erfahren werden kann" (Thole 2021, S. 349).

Zusammenfassend ist festzuhalten: Im Horizont sozialpädagogischer Bildung sind die Akzeptanz, Anerkennung und vorbehaltlose Wertschätzung der Person und ihrer Lebensgeschichte, der individuellen Interessen, Neigungen und Fähigkeiten die unabdingbare Voraussetzung für eine gelingende Partizipation. Beteiligung ist stets ein kommunikativer Prozess der Aushandlung von Entscheidungen zwischen unterschiedlichen Interessen und die Suche nach tragfähigen Kompromissen; damit wird Partizipation im Alltag der Kinder- und Jugendarbeit zu einem wichtigen praktischen Übungsfeld der Demokratiebildung. Und wenn in diesem Kontext Erfahrungen der Selbstwirksamkeit möglich werden, so wird mit der Partizipation und Beteiligung ein grundlegendes Bildungsziel sozialpädagogischer Bildung realisiert (vgl. von Schwanenflügel/Schwertheim 2021).

17.3 Lebensbewältigung unterstützen

Die facettenreichen Kategorien „Übergänge" und „Partizipation" werden durch die Kategorie „Lebensbewältigung" gebündelt und verdichtet. Das sozialpädagogische Theoriekonzept der Lebensbewältigung ist „ein mehrdimensionales Paradigma" (Böhnisch 2019, S. 9). Es will die sozialinteraktiven und gesellschaftlichen Bedingungen der Lebensführung und somit auch der Persönlichkeitsentwicklung von Kindern und Jugendlichen erschließen (vgl. Böhnisch 2018, S. 79 f.). Das Bewältigungsmodell erstreckt auf sich drei Dimensionen:

- *Psychodynamische Dimension:* Das Selbstwertgefühl, soziale Anerkennung und die Erfahrung einer Selbstwirksamkeit in kritischen Lebenskonstellationen gewährleisten die individuelle Handlungsfähigkeit; sie bilden eine gemeinsame, unverzichtbare Grundlage zur Bewältigung von äußeren

Herausforderungen (z. B. erfolgreicher Schulabschluss; Erhalt eines Ausbildungs- bzw. Studienplatzes usw.).

- *Soziodynamische/interaktive Dimension:* Die sozialen Beziehungen und Bewältigungsformen in der Familie, Schule, Peergruppe, Arbeitswelt und Medien bilden einen grundlegenden Rahmen für die Bewältigung von altersbezogenen Entwicklungsaufgaben. Sie erzeugen biografische Grunderfahrungen, die zur Bewältigung aktueller Probleme aktualisiert werden, je nach Erfahrungswert in positiver oder negativer Weise („Ich schaffe das…" oder „Ich kann das nicht…").
- *Gesellschaftliche Dimension:* Sie erweitert den Horizont auf die soziale Lebenslage und deren Wirkungsmechanismen mit den individuellen Bewältigungspotenzialen: Das Einkommen, die Bildung und die Wohnverhältnisse im Elternhaus eröffnen oder verschließen Möglichkeitsräume. D. h., sie schränken Bewältigungsressourcen ein und prägen das individuelle Bewältigungsverhalten bzw. umgekehrt erweitern sie die Ressourcen und das Verhaltensrepertoire.

Da die Soziale Arbeit – ebenso die Kinder- und Jugendarbeit – die zentralen Eckpfeiler der sozialen Lebenslage (Einkommen, Rechte, Arbeit und Beruf) nur bedingt beeinflussen kann, hat Böhnisch das Konzept der Bewältigungslage entwickelt, um einen Zugang zur sozialen Lebenslage zu finden, der sozialpädagogisch gestaltbar ist. Dies sind soziale und kulturelle Spielräume in Form von Möglichkeiten innere Befindlichkeiten zum Ausdruck zu bringen, soziale Anerkennung zu erlangen, Abhängigkeiten von Zwängen zu thematisieren und sich die eigene sozialräumliche Umwelt anzueignen.

„Über die Dimensionen der Bewältigungslage lässt sich nicht nur ein sozialpädagogischer Zugang zu Lebenslagen finden, vor allem kann – in der Bewältigungsperspektive – auf die Handlungsfähigkeit in prekären Lebenslagen Einfluss genommen werden. Wenn es gelingt, Betroffene aus regressiven Handlungskonstellationen herauszubringen, können wir Rückwirkungen auf die Lebenslage erwarten, zum einen in dem Sinne, dass die eigene Lebenslage eher bewältigt wird, d. h. mit den Risiken besser umgegangen werden kann, zum Zweiten, dass sich Chancen eröffnen, Möglichkeiten der Verbesserung der Lebenslage im Sinne der Erweiterung ihrer Spielräume wahrnehmen und aktivieren zu können" (Böhnisch 2019, S. 103).

Im Mittelpunkt des Theoriekonzeptes „Lebensbewältigung" steht der Erhalt und die Sicherung der individuellen Handlungsfähigkeit in widersprüchlichen, komplexen und kritischen Lebenssituationen. Krisen, Konflikte und Brüche bedrohen die persönliche Handlungsfähigkeit, wenn z. B. die Eltern sich scheiden lassen und infolge dessen ein Umzug ansteht; wenn der erfolgreiche Abschluss der Schule gefährdet ist; wenn es nicht gelingt, den gewünschten Ausbildungs- oder Studienplatz zu erlangen; wenn eine schwere chronische Erkrankung eines Elternteiles in der Familie (z. B. ein Suchtproblem) vorhanden ist usw. Es sind kritische Lebensereignisse, die die Balance zwischen dem psychischen Selbst und der sozialen Umwelt aus dem Gleichgewicht bringen. Böhnisch fasst das Theoriekonzept prägnant zusammen:

„Unter (Lebens-)Bewältigung verstehe ich das Streben nach psychosozialer Handlungsfähigkeit in kritischen Lebenskonstellationen. Lebenssituationen und -konstellationen werden dann als kritisch bezeichnet, wenn die bisherigen eigenen Ressourcen der Problemlösung versagen oder nicht mehr ausreichen und damit die psychosoziale Handlungsfähigkeit beeinträchtigt ist" (Böhnisch 2019, S. 20).

Bewältigung und Bildung sind eng miteinander verknüpft und gehen ineinander über. Dieser Zusammenhang lässt sich an der Unterscheidung zwischen expansivem und defensivem Lernen verdeutlichen. Der Lernpsychologe Holzkamp beschreibt expansives Lernen als Erweiterung subjektiver Erfahrungs- und Handlungsmöglichkeiten. Menschen lernen nicht, so Holzkamp, weil sie dazu angehalten werden, sondern, wenn sie spüren, dass sie ihre Aneignungs- und Handlungsspielräume durch Lernen erweitern können (vgl. Holzkamp 1995).

Beim defensiven Lernen handelt es sich – aus der Bewältigungsperspektive – um Lernzwänge, die Hilflosigkeit und Selbstwertprobleme erzeugen. Sie werden dann mechanisch vom Individuum abgespalten, um handlungsfähig zu bleiben. Expansives Lernen ist dagegen in einen Rahmen von Anerkennung und Erfahrungsmöglichkeiten von Selbstwirksamkeit eingebunden. Für den Zusammenhang von Bewältigung und Bildung ist der innere Antrieb zum Lernen entscheidend, da dieser die subjektive Aneignung leitet und so zum Erhalt der subjektiven Handlungsfähigkeit beiträgt. Der Erwerb von lebensrelevantem Alltagswissen und die Aneignung sozialräumlicher Gegebenheiten trägt dazu bei, Orientierung und Halt zu vermitteln, die psychodynamischen Potenziale zu stärken und damit die individuelle Handlungsfähigkeit zu sichern.

Im Kontext von Bewältigung und Bildung besteht der besondere Mehrwert sozialpädagogischer Bildung in der Kinder- und Jugendarbeit in deren

Ausrichtung auf den Erwerb von lebensnotwendigem Alltagswissen und in der Aneignung sozialer Fähigkeiten. Angebote der Kinder- und Jugendarbeit schaffen Räume und Gelegenheiten, innere Befindlichkeiten, nicht nur verbal, sondern auch kreativ zum Ausdruck zu bringen. Sie bieten jungen Menschen Möglichkeiten, soziale Anerkennung zu erfahren, die im Elternhaus und/oder Schule versagt wird. Angebote der Kinder- und Jugendarbeit setzen Impulse zur Aneignung sozialräumlicher Verhältnisse, indem sie diese näher untersuchen und eigene Vorschläge zu entsprechenden Verbesserungen entwickeln. Projekte der Kinder- und Jugendarbeit eröffnen Chancen, durch die Verwirklichung eigner Ideen Selbstwirksamkeit konkret zu erleben und zu erfahren. „Jugendarbeit wird damit nicht nur zum Bewältigungsort, sondern auch einem Ort sozialer Bildung“ (Böhnisch 2019, S. 132).

Die sozialpädagogischen Kategorien „Übergänge“, „Partizipation“ und „Lebensbewältigung“ stellen besonders die soziale Seite von Bildungsprozessen in den Vordergrund. Subjektive lebensweltliche Erfahrungen und deren Verschränkungen mit gesellschaftlichen Lebensbedingungen prägen den Prozess der individuellen Verarbeitung zwischen inneren und äußeren Realitäten. Mit dem Blick auf das Soziale wird eine produktive Voraussetzung jeder Selbstbildung geschaffen, indem diese durch Interaktion und Kommunikation mit Anderen angeregt und angestoßen wird. Insofern bilden Impulse zur Eigenaktivität und soziale Anerkennung durch eine entsprechende Kommunikation ein grundlegendes Moment sozialer Bildung in der Kinder- und Jugendarbeit (vgl. Sting 2016).

Literaturhinweise zur Vertiefung

Dewey, John (2011): Demokratie und Erziehung. Eine Einleitung in die philosophische Pädagogik. 5. Aufl. Weinheim und Basel: Beltz Juventa.

Schiffer, Eckhard (2021): Entdeckung sozialer Gesundheit. Möglichkeitsräume für Vertrauen, Respekt und kreatives Zusammenspiel in jedem Lebensalter. Gießen: Psychosozial-Verlag.

Stecklina, Gerd; Wienforth, Jan (Hrsg) (2020): Handbuch Lebensbewältigung und Soziale Arbeit. Praxis, Theorie und Empirie. Weinheim und Basel: Beltz Juventa.

Schröer, Wolfgang et al. (Hrsg.) (2013): Handbuch Übergänge. Weinheim und Basel: Beltz Juventa.

18. Zusammenfassung und Ausblick

Bildung ist mehr als Unterricht und Schule. Das facettenreiche Spektrum unterschiedlicher Bildungsansätze in der Kinder- und Jugendarbeit spiegelt die Vielfalt heutiger Lebenswelten und Milieus wider, in denen Kinder und Jugendliche im 21. Jahrhundert aufwachsen. Es ist ein Ausdruck von Individualität in den jeweiligen Lebensläufen. Lernen als persönliche Auseinandersetzung mit der sozialen Umwelt und deren Aneignung durch die Mitgestaltung der eigenen Lebenswelt braucht einen subjektiven Eigensinn und Differenz; sie bilden die Grundlage für ein gelingendes Aufwachsen in einer pluralen Gesellschaft.

18.1 Fazit: Zwei grundlegende Bildungsformate

Auf dem Hintergrund der unterschiedlichen konzeptionellen Ansätze außerschulischer Jugendbildung (vgl. Kap. 10 und 12), verschiedener Hilfen zur Lebensbewältigung (Kap. 11) und im Kontext der sozialpädagogischen Kategorien „Übergänge", „Partizipation" und „Lebensbewältigung" (Kap. 17) lassen sich zwei Grundtypen sozialpädagogischer Bildung in der Kinder- und Jugendarbeit identifizieren.

1. Ermöglichung von Engagement: Die Kinder- und Jugendarbeit stellt Räume und Möglichkeiten für selbstbestimmte Bildungsprozesse zur Verfügung. Diese bieten jungen Menschen vielfältige Gelegenheiten in offenen Lernsituationen eigene Interessen und Neigungen gemeinsam mit anderen Gleichaltrigen zu entdecken und diesen nachzugehen. Dies sind offen strukturierte Bildungsmöglichkeiten ohne curriculare Vorgaben, die freiwillig – aus Interesse an der Sache und am Thema – wahrgenommen werden, ohne die Dominanz von Erwachsenen, aber mit punktueller Unterstützung durch Erwachsene, wenn diese angefragt wird.

Das Engagement erstreckt sich auf unterschiedliche gesellschaftliche Bereiche: Politik, Kultur, Religion, Technik, Gesundheit, Soziales, Ökologie, usw. Es ist in der Regel ein Engagement, das junge Menschen herausfordert und Impulse für das Wachstum der Persönlichkeit freisetzt. Für das gesellschaftliche Zusammenleben bildet dieses Engagement eine unverzichtbare

Grundlage für die Einübung eines demokratischen Miteinanders, das von Respekt, Toleranz und gegenseitiger Anerkennung getragen wird. Der zeitliche Horizont für das Engagement kann sich auf einen befristeten Zeitraum von wenigen Wochen und Monaten erstrecken, z. B. bei der Realisierung von Projekten und Aktionen; ebenso kann sich das Engagement – besonders in Vereinen und Verbänden – über einen längeren Zeitraum von teilweise vielen Jahren erstrecken, z. B. in Sportvereinen und bei den Pfadfindern.

Die strukturellen Bedingungen für das Engagement werden vor allem durch Vereine und Verbände geschaffen, teilweise auch durch Einrichtungen der Offenen Kinder- und Jugendarbeit. Prinzipiell sind die Möglichkeiten zum Engagement für Schülerinnen und Schüler auch in der Institution Schule gegeben. Die strukturelle und inhaltliche Offenheit für ein Engagement sind aber in der Institution Schule aufgrund ihrer internen hierarchischen Verfassung und ihres formellen staatlichen Auftrages grundsätzlich in andere Rahmenbedingungen eingebunden. Ebenso darf die Rolle von Lehrerinnen und Lehrern mit ihrer Entscheidungsgewalt im Rahmen der Leistungsbewertung nicht unterschätzt werden, da sie letztlich über den Erfolg oder Misserfolg der schulischen Laufbahn urteilen.

Die inhaltliche, strukturelle und personelle Offenheit für das Engagement in den verschiedenen Bereichen der Kinder- und Jugendarbeit ist außerordentlich groß und vielfältig. So zeigen z. B. das Freiwillige Soziale und Ökologische Jahr, das entwicklungspolitische Bildungsprogramm „weltwärts“ oder mehrwöchige Workcamps eine Reichweite von Möglichkeiten zum Engagement, die die Bildungsgelegenheiten der Institution Schule weit überschreiten (vgl. Göring/Mutz 2016; Niethammer et al. 2019). Im Kern handelt es sich bei den genannten Bildungsformaten um Möglichkeiten für intensive persönliche Erlebnisse, die sich durch eine sozialpädagogisch begleitete Reflexion zu persönlichen Erfahrungen verdichten; diese beeinflussen dann nicht selten auch die weitere berufliche Lebensplanung junger Menschen (vgl. Hinrichsen 2020; Bonus et al. 2020).

2. Bewältigung von Spannungen, Konflikten und Krisen: Erhalt und Rückgewinnung der individuellen Handlungsfähigkeit: Wenn biografische und/oder institutionelle Übergänge nicht oder nur teilweise bewältigt werden, verdichtet sich dieses Problem zu Spannungen, Konflikten und Krisen, die dann vielfach Gefühle von Ohnmacht und Ratlosigkeit entstehen lassen und so die individuelle Handlungsfähigkeit einschränken oder sogar vollständig blockieren. Dies sind häufig psychische Probleme im Kontext der Schule, z. B.

Ängste und Mobbingerfahrungen, Schulversagen oder sogar ein Schulverweis. Vielfach sind es auch Probleme im Übergang von der Schule in die Berufswelt, die sich zu tiefen persönlichen Konflikten und Krisen verdichten. In fortgeschrittenen Eskalationsschleifen führen manchen Problemlagen auch zur Konfrontation mit der Polizei und ggf. mit der Staatsanwaltschaft, wenn kriminelle Tatbestände vorliegen. Die Eltern sind in solchen Situationen teilweise ahnungslos oder manchmal auch überfordert, wenn sie selbst tief in eigene Probleme verstrickt sind und ihre Söhne oder Töchter nicht unterstützen können oder dies auch nicht wollen.

Ein anderer Typ von Konflikten beschäftigt junge Menschen mit Migrationshintergrund, insbesondere bei Fluchterfahrungen, wenn z. B. die Aufenthaltsgenehmigung in Deutschland abläuft, wenn Dokumente aus dem Heimatland fehlen, übersetzt werden müssen oder in Deutschland nicht anerkannt werden; wenn die Bewerbung bei einer Schule oder für einen Ausbildungsplatz erfolgen soll oder ein Job gesucht wird, um den Lebensunterhalt abzusichern, aber eine Arbeitserlaubnis fehlt. Es sind vielschichtige Problemkonstellationen, die oft bei den Betroffenen große Unsicherheit und Ratlosigkeit hervorrufen, da das erforderliche Wissen über Verwaltungsabläufe und entsprechende Zuständigkeiten nicht vorhanden ist (vgl. Zölch 2021).

Einrichtungen der Offenen Kinder- und Jugendarbeit werden im pädagogischen Alltag häufig mit den genannten Problemen konfrontiert. Die Einrichtungen und deren Mitarbeiterinnen und Mitarbeiter sind keine psychologischen Fachdienste, keine Außenstelle der Agentur für Arbeit und auch kein Büro der Ausländerbehörde. Aber die Offene Kinder- und Jugendarbeit ist eine niederschwellige Anlaufstelle für die genannten Problemlagen, die eine „Erste Hilfe" anbietet. Wenn Kinder und Jugendliche in Probleme verstrickt sind, deren Bewältigung sie mit eigenen Kräften nicht schaffen, Väter und Mütter nicht als Ansprechpartner infrage kommen, in der Schule kein Vertrauensverhältnis zu einer Lehrerin oder zu einem Lehrer besteht, so sind die Mitarbeiterinnen und Mitarbeiter der Offenen Kinder- und Jugendarbeit eine neutrale, unabhängige Vertrauensperson. Sie nehmen sich Zeit und hören zu, wenn persönliche und/oder formelle Probleme zu einer ernsthaften Belastung werden. Solche Anlaufstellen haben vielfach auch eine Lotsenfunktion, d. h. konkret, wenn komplexe Probleme vorliegen, so können sie die Betroffenen weitervermitteln und vor allem ermutigen, weitere Hilfe bei entsprechenden Fachdiensten in Anspruch zu nehmen; bei Bedarf werden die Betroffenen auch bei den weiteren Schritten begleitet.

Eine Unterstützung bei der Bewältigung von Spannungen, Konflikten und

Krisen sichert die persönliche Handlungsfähigkeit und kann – wenn erforderlich – zu deren Rückgewinnung beitragen. Eigentätigkeit und Aneignung als grundlegende Elemente des Bildungsprozesses unterstützen die Bewältigung von Konflikten und Krisen; sie erhalten die individuelle Handlungsfähigkeit und werden damit zu einem Bildungsprozess. Die Bewältigung von Konflikten und Krisen sind wichtige Schritte in einem individuellen Bildungsprozess, in dem die Ich-Identität mit den inneren und äußeren Anteilen wieder in eine ausgewogene Balance gebracht wird, um letztlich eine eigenständige Lebensführung zu ermöglichen (vgl. Böhnisch 2018, S. 266 f.).

Der Bildungsauftrag der Kinder- und Jugendarbeit erstreckt sich auf dem Hintergrund des eigenen theoretischen Selbstverständnisses und nach dem Anspruch von § 1 und § 11 SGB VIII auf beide hier skizzierten Grundtypen von Bildung: Sozialpädagogische Bildung stellt Möglichkeiten zu unterschiedlichen Formen eines Engagements zur Verfügung und gibt gleichzeitig Hilfen zur Bewältigung von Konflikten und Krisen, um die persönliche Handlungsfähigkeit zu erhalten. Beide Formate sozialpädagogischer Bildung sind idealtypische Konstrukte, um das breite, unübersichtliche Feld der Kinder- und Jugendarbeit reflexiv zu erfassen. Beide Formate sind gleichwertig; sie finden im pädagogischen Alltag des Handlungsfeldes jedoch sehr unterschiedliche Ausprägungen, die einerseits von den je spezifischen Trägerstrukturen und andererseits von den je spezifischen Lebenswelten und Sozialräumen der Kinder und Jugendlichen geprägt werden.

Schulische und sozialpädagogische Bildung sind in unterschiedliche Systeme (Schule/Kinder- und Jugendhilfe) eingebunden und folgen je eigenen Handlungslogiken. Die Komplexität gesellschaftlicher Entwicklungen und die damit einhergehenden Herausforderungen für ein gelingendes Aufwachsen junger Menschen im 21. Jahrhundert lassen keinen Raum für Konkurrenzen zwischen schulischer und sozialpädagogischer Bildung zu. Vielmehr zeigen die aktuellen gesellschaftlichen Herausforderungen die zwingende Notwendigkeit einer inhaltlichen und strukturellen Verzahnung von schulischer und sozialpädagogischer Bildung. Diese soll abschließend an drei Bildungsbereichen beispielhaft als Ausblick skizziert werden:

18.2 Perspektive: Soziale Bildung, Schule und die Corona-Pandemie

Im Mittelpunkt sozialer Bildung steht der Erwerb sozialer Kompetenzen. Sie sind – neben kulturellen, instrumentellen und personalen Kompetenzen – ein unverzichtbarer, elementarer Bestandteil eines erweiterten, umfassenden Bildungsverständnisses, das weit über Unterricht und Schule hinausweist (vgl. Rauschenbach 2009, S. 94f.). Soziale Kompetenzen umfassen eine individuelle und gesellschaftliche Komponente: Es ist einerseits die Fähigkeit sich selbst zu seiner sozialen Umwelt in Beziehung zu setzen, in einen wechselseitigen Austausch mit Personen, Gegenständen, Themen und sozialen Verhältnissen zu treten. Und andererseits führen soziale Kompetenzen zu einem „persönlichen Fußabdruck" in der sozialen Umwelt, in dem sie dieser eine individuelle Prägung geben, also die soziale Umwelt mitgestalten.

Im Vordergrund sozialer Kompetenzen stehen dialogische Fähigkeiten, sich auf andere Menschen einzulassen, zu zuhören, andere zu verstehen, Respekt dem Gegenüber und seiner Haltung entgegenzubringen, gemeinsam Problemlösungen zu suchen und Verantwortung für andere Menschen, Gegenstände oder Verhältnisse zu übernehmen. Das Schlüsselwort für den Erwerb sozialer Kompetenzen lautet „Partizipation" im Sinne einer Befähigung zur Beteiligung und Teilhabe am sozialen Leben.

Angesichts der strukturell-hierarchischen Verfassung der Institution Schule und ihres staatlichen Auftrages zur Selektion bei der Verteilung formaler Bildungsabschlüsse tritt die Vermittlung sozialer Kompetenzen vielfach in den Hintergrund schulischer Bildung. Stattdessen steht primär die Vermittlung kultureller Kompetenzen im Rahmen der Unterrichtsfächer im Vordergrund. Die personale, soziale und instrumentelle Seite von Bildung findet – u.a. aufgrund starrer, unflexibler Schulstrukturen – wenig oder teilweise auch keine Beachtung. Die Folgen eindimensionaler Bildung sind gravierend, da sie bestehende soziale Ungleichheiten manifestieren und Bildungschancen für diejenigen Kinder und Jugendlichen reduzieren, die keine ausreichende Unterstützung durch das Elternhaus erhalten (vgl. El-Mafaalani 2021, bes. S. 247f.).

Die ersten Studien zu den Auswirkungen der Corona-Pandemie auf Kinder und Jugendlichen weisen darauf hin, dass der Lockdown, der Distanz-Unterricht und das Homeschooling, die bereits vor der Pandemie bestehenden sozialen Ungleichheiten weiter verschärfen. In einer ersten Bilanz stellen Dohmen und Hurrelmann fest: „Ein sehr großer Teil der Schüler*innen hat keinen oder nur wenig Kontakt zu den Lehrkräften. Und wenn es keinen Kontakt gibt, dann stellt sich die Frage, wie Unterricht hier überhaupt stattfinden kann" (Dohmen/Hurrelmann 2021, S. 284 f.). Darüber hinaus sind in der Corona-Zeit während hoher Inzidenzwerte viele Freizeitaktivitäten in Vereinen und kommerzielle Freizeitangebote durch die Corona-Regeln eingeschränkt oder zeitweise sogar komplett geschlossen worden. Das Zusammensein mit Gleichaltrigen wurde so durch die Corona-Maßnahmen weitreichend eingeschränkt, obwohl es gerade in der Kindheit und Jugendphase für den Aufbau einer eigenständigen Ich-Identität von elementarer Bedeutung ist.

Soziale Bildung als Aneignung sozialer Kompetenzen gehört zum Kern der Kinder- und Jugendarbeit. Diese Leistung des Handlungsfeldes ist nicht hoch genug einzuordnen, da sie einen elementaren Beitrag für ein gelingendes Zusammenleben in der modernen Gesellschaft leistet. Es sind Lern- und Bildungsprozesse, die in der Familie und Schule nur ansatzweise angestoßen werden, aber vielfach nicht im notwendigen Umfang und mit der erforderlichen Intensität. Die Kinder- und Jugendarbeit übernimmt insofern eine wichtige Aufgabe, indem sie soziale Bildungsprozesse initiiert und reflexiv begleitet, die an anderen Lern- und Bildungsorten nicht ausreichend wahrgenommen werden.

Angesichts des zunehmenden Ausbaus der Ganztagsschule ist die Kinder- und Jugendarbeit gefordert, sich zu dieser Entwicklung fachlich zu positionieren, Formen der Kooperation zu suchen und fachlich begründete konzeptionelle Ansätze zu entwerfen. Dabei kommt es für die Identität der Profession und des Handlungsfeldes der Kinder- und Jugendarbeit darauf an, die Kernkompetenz sozialer Bildung konzeptionell in den Vordergrund zu stellen. D. h. konkret, es ist *nicht* die Aufgabe der Kinder- und Jugendarbeit, die Aneignung von Unterrichtsinhalten zu begleiten und zu vertiefen, z. B. in Form einer Hausaufgabenbetreuung am Nachmittag. Vielmehr gilt es in der Kooperation mit Schulen die soziale Seite der Bildung einschließlich personaler und instrumenteller Aspekte in den Mittelpunkt sozialpädagogischer Bildung zu stellen. Hier gilt es in Kooperationen mit Schulen konzeptionelle Formate zu entwickeln, die einerseits mit den schulspezifischen Organisationsstrukturen kompatibel sind und die andererseits erprobten medialen Konzepte der Kinder- und Jugendarbeit aus dem Sport, der Kulturarbeit (Musik, Theater, Kunst), der Natur- und Erlebnispädagogik einschließlich deren spezifischem außerschulischem methodischem Knowhow Geltung verschaffen (z. B. vgl. Greif 2018).

18.3 Perspektive: Inklusion und soziale Teilhabe

Der Artikel 3 des Grundgesetzes Abs. 1 „Alle Menschen sind vor dem Gesetz gleich." und der Abs. 3 bilden ein fundamentales Rechtsprinzip unseres Staates: „Niemand darf wegen seines Geschlechtes, seiner Abstammung, seiner Rasse, seiner Sprache, seiner Heimat und seiner Herkunft, seines Glaubens, seiner religiösen oder politischen Anschauung benachteiligt oder bevorzugt werden. Niemand darf wegen seiner Behinderung benachteiligt werden". Dieser Gleichheitsgrundsatz in Verbindung mit dem Sozialstaatsprinzip soll soziale Ungleichheiten verhindern bzw. möglichst reduzieren. Dass eine dauerhafte Spannung zwischen dem gesetzlichen Anspruch und der sozialen Wirklichkeit besteht, ist ein immer wiederkehrendes gesellschaftliches Problem, für das ständig neue Lösungen zu suchen sind.

Die Beschlüsse der Vollversammlung der Vereinten Nationen über die Rechte von Kindern (1989) und die Rechte von Menschen mit Behinderung (2006) haben eine neue Aufmerksamkeit für diejenigen Mitglieder der Gesellschaft erzeugt, die häufig am Rande stehen, da sie in ihren Rechten eingeschränkt und teilweise vom sozialen Leben ausgeschlossen werden. Mit der Anerkennung der UN-Kinderrechts- und UN-Behindertenkonvention durch die Bundesrepublik Deutschland ist eine neue gesellschaftliche Dynamik entstanden. Sie verleiht den Rechten von Kindern und denjenigen von Menschen mit Behinderung in der Gesetzgebung und in staatlichen Organisationen ein neues Gewicht; dies geschieht mit dem Ziel, die soziale Teilhabe für alle Menschen – mit und ohne Behinderung – am gesellschaftlichen Leben zu gewährleisten.

Das Bildungswesen ist ein System, das über die Verteilung von Lebens- und Zukunftschancen von Kindern und Jugendlichen entscheidet. Es ist aufgefordert, die eigenen Exklusionswirkungen stetig kritisch zu überprüfen und alle Bildungswege so zu gestalten, dass sie eine gleichberechtigte soziale Teilhabe aller jungen Menschen an Bildungsangeboten ermöglichen. In diesen Kontext ist die schulpolitische und -pädagogische Diskussion um eine inklusive Schule einzuordnen.

In der Kinder- und Jugendhilfe hat sich die gesellschaftliche Debatte um die soziale Teilhabe aller jungen Menschen – mit und ohne Behinderung – an den gegenwärtigen Hilfestrukturen in der Reform des SGB VIII im Jahr 2021 niedergeschlagen. Die Kinder- und Jugendhilfe wird – und damit auch die Kinder- und Jugendarbeit – in den kommenden Jahren schrittweise zu einem inklusiven Förder- und Unterstützungssystem für alle Kinder und Jugendlichen umgebaut werden. D.h. die Kinder- und Jugendhilfe erhält bis spätestens zum 1. Januar 2028 die sogenannte Gesamtzuständigkeit für die Belange aller jungen Menschen. Bisher sind diese für Kinder und Jugendliche mit Behinderung teils im SGB VIII und teils aber auch im SGB IX gesetzlich verankert. Die entsprechenden Hilfeleistungen sind organisatorisch teils im Jugendamt angesiedelt, teils aber auch in das Sozialamt der Stadt oder des Kreises eingebunden (vgl. Wiesner et al. 2022, S. 1f.).

Vordergründig erscheint das Thema Inklusion und der Ansatz einer inklusiven Pädagogik sich auf die Einbeziehung von Menschen mit Behinderung in verschiedene Lebensbereiche der Gesellschaft zu beziehen. Die aktuelle Fachdiskussion zur inklusiven Pädagogik zeigt aber, dass dies ein sehr enges Verständnis von Inklusion kennzeichnet. Im Kontrast dazu steht ein breites, umfassendes Verständnis von Inklusion, dass von einer großen Heterogenität in den Lebenswelten junger Menschen ausgeht, die sich in allen Bildungs- und Erziehungsprozessen wiederfindet, diese als Vielfalt anerkennt und sie als Ressource versteht, die es gilt pädagogisch zu nutzen. Das Ziel inklusiver pädagogischer Konzepte ist es – im Sinne eines umfassenden Verständnisses von Inklusion – zum Abbau von Strukturen und Mechanismen beizutragen, die zur Marginalisierung, Stigmatisierung, Diskriminierung oder sogar zur Exklusion von Menschen führen (vgl. Biewer/Schütz 2022, S. 126f.).

Inklusion ist eine umfassende pädagogische Leitidee, die ein gesellschaftliches Zusammenleben ermöglichen und fördern will, indem sich der Mensch nicht primär an seine Umgebung anpasst (= Integration), sondern indem der Lebensraum mit seinen Strukturen und Verhältnissen so gestaltet wird, dass alle Menschen gleichberechtigt miteinander leben können, ganz gleich wie unterschiedlich sie als Einzelperson sind (= Inklusion). Unabhängig von den je unterschiedlichen persönlichen Merkmalen, wie z.B. das Geschlecht, Alter, soziale Herkunft, Hautfarbe, sexuelle Orientierung, religiöse und politische Anschauung strebt die inklusive Pädagogik eine gleichberechtigte soziale Teilhabe aller am gesellschaftlichen Leben an.

Inklusion ist eine umfassende Querschnittsaufgabe für alle pädagogischen Handlungsfelder und alle Organisationsformen pädagogischen Handelns; sie hat ihren Ursprung in den Menschenrechten und trägt zu deren praktischer Verwirklichung bei. Inklusion und soziale Teilhabe schaffen die Voraussetzungen für eine Chancengleichheit aller Kinder und Jugendlichen und leiten praktische Schritte ein, um ein gelingendes Aufwachsen für alle zu ermöglichen.

Inklusion und Bildung sind ineinander verschränkt und voneinander abhängig. Der Weg zu einer inklusiven Gesellschaft erfordert eine individuelle Offenheit für Vielfalt und Differenz, eine Wahrnehmung und Anerkennung von unterschiedlichen Milieus und Lebenswelten, verschiedenen politischen Einstellungen und religiösen Orientierungen, kurzum eine Akzeptanz von Fremdheit und Verschiedenheit. Bildungsprozesse eröffnen Möglichkeiten, Veränderungen in Denkmustern und Haltungen einzuleiten, indem sie Gleichheit überwinden und Differenzen zulassen; sie bieten Gelegenheiten zur Kommunikation mit neuen und ungewohnten Realitäten, die mit der eigenen Wirklichkeit konfrontiert wird, und sie regen zur Überprüfung des vorhandenen individuellen Welt- und Selbstbildes an. Bildungsprozesse tragen dazu bei, Vorstellungen von Gleichheit und Homogenität kritisch zu überprüfen, sodass Heterogenität und Differenz wahrgenommen und anerkannt wird (vgl. Heimlich 2019, S. 235 f.).

Mit der pädagogischen Leitidee der Inklusion im umfassenden Sinne erhält die sozialpädagogische Bildung die Chance, den eigenen Kern neu zu profilieren und die eigenen Potenziale – gerade auch im Kontrast zur schulischen Bildung – neu zu konturieren. Denn einerseits stehen die Förderung und Entfaltung der Individualität junger Menschen im Mittelpunkt sozialpädagogischer Konzepte und andererseits richtet sich der sozialpädagogische Blick stets auch auf die Herstellung sozialräumlicher Verhältnisse, die ein gelingendes Aufwachsen unterstützen und fördern. Die besondere Stärke sozialpädagogischer Bildungskonzepte besteht u.a. darin, dass sie mit ihren Rahmenbedingungen einen hohen Grad an Offenheit und Flexibilität aufweisen, um die vorhandene Vielfalt in den Lebenswelten der Adressatinnen und Adressaten zu berücksichtigen und die Unterschiede mit den jeweiligen sozialräumlichen Gegebenheiten in sozialpädagogische Konzepte angemessen aufzunehmen. Die Handlungsfelder der Kinder- und Jugendarbeit zeichnen sich dadurch aus, dass sie die lebensweltliche Vielfalt junger Menschen ernstnehmen und die unterschiedlichen sozialräumlichen Bedingungen konzeptionell verarbeiten und beide Dimensionen wechselseitig in den Mittelpunkt der sozialpädagogischen Praxis stellen.

Benachteiligung und Ausgrenzung führen häufig dazu, dass Menschen mit Beeinträchtigungen und diejenigen, die am Rande der Gesellschaft stehen, nicht am sozialen Leben teilhaben, weil sie durch ihre eigene seelische und körperliche Verfassung beeinträchtigt oder durch fehlende materielle und soziale Ressourcen eingeschränkt werden. Gleichzeitig haben viele gesellschaftliche Organisationen und Institutionen (z.B. Schulen und Verwaltungen) eine außerordentlich hohe Bedeutung erhalten, und politische Systeme sind aufgrund ihrer Unübersichtlichkeit und Komplexität für viele Bürgerinnen und Bürger nur schwer oder auch gar nicht mehr zugänglich, sodass sich nicht selten ein individuelles Gefühl der Ratlosigkeit und Ohnmacht breitmacht. Der Prozess der Exklusion vom gesellschaftlichen Leben breitet sich so aus und soziale Ungleichheiten verschärfen sich (vgl. Huinink/Schröder 2019, S. 98 f.)

Soziale Teilhabe ist ein Menschenrecht für alle Mitglieder der Gesellschaft unabhängig vom Geschlecht, Alter, sozialer Herkunft sowie politischen und religiösen Überzeugungen, seelischen und körperlichen Einschränkungen. Bildung ist eine unverzichtbare Voraussetzung für die soziale Teilhabe. Bildung vermittelt einerseits Wissen und Kenntnisse, um am Leben und Alltag der Gesellschaft teilnehmen zu können. Andererseits befähigt Bildung Menschen, ihre Stimme zu erheben und eigene Interessen zu artikulieren; sie ermutigt Menschen, sich in Diskussions- und Entscheidungsprozesse einzubringen. Im Kontext der Inklusion verhilft Bildung denjenigen dazu, auch als Person mit einer eigenen biografischen Individualität sichtbar zu werden, die ansonsten in der Mehrheit untergehen und keine Beachtung finden.

Sozialpädagogische Bildung ist insofern ein unverzichtbarer Modus, um Autonomie, Selbstbestimmung und Gleichberechtigung aller Menschen – mit und ohne Einschränkungen – in einem erweiterten Maß im gesellschaftlichen Zusammenleben zu erreichen. Die fachlichen Standards der Kinder- und Jugendarbeit (= Lebenswelt- und Sozialraumorientierung, Freiwilligkeit, Partizipation, Selbstorganisation und Genderperspektive) liefern in allen Bereichen der offenen und verbandlichen Kinder- und Jugendarbeit grundlegende, unverzichtbare Bausteine für eine Inklusion und für die soziale Teilhabe aller jungen Menschen am gesellschaftlichen Leben (vgl. Meyer 2020).

Das Handlungsfeld der Kinder- und Jugendarbeit kann zu einem „Vorreiter“ für Inklusion und soziale Teilhabe werden, wenn beide Elemente auf der Ebene der Organisation bzw. des Trägers, der lokalen Einrichtung und des konkreten pädagogischen Angebotes angemessen berücksichtigt werden. Angesichts der strukturellen Hindernisse und erheblichen Probleme bei der praktischen Realisierung von Inklusion und sozialer Teilhabe in der schulischen Bildung (vgl. Heimlich et al. 2018), sind die entsprechenden Potenziale sozialpädagogischer Bildung – gerade in der Kinder- und Jugendarbeit – nicht zu unterschätzen.

18.4 Perspektive: Demokratiebildung und gesellschaftlicher Zusammenhalt

Verschiedene gesellschaftliche Entwicklungen in den zurückliegenden Jahren sind zu bedeutsamen Megatrends geworden, die das Zusammenleben in der Gesellschaft grundlegend verändern und die Demokratie herausfordern: Ambivalenzen in der Globalisierung, Klimawandel und Umweltzerstörung, die Corona-Pandemie und deren Bewältigung, Flucht und Migration, Ambivalenzen der Digitalisierung, Aufrüstung und Kriege in verschiedenen Regionen der Erde. Zusätzlich wird die Demokratie in Deutschland mit Krisen konfrontiert, die auf verschiedenen Ebenen und in unterschiedlichem Ausmaß ihre Substanz gefährden (vgl. BMFSFJ 2020, S. 45 f.):

- gruppenbezogene Menschenfeindlichkeit und pauschalisierende Ablehnungskonstruktionen (z. B. Fremdenfeindlichkeit, Antisemitismus, Sexismus, Abwertung von Homosexuellen, Behinderten, usw.)
- autoritärer Nationalismus, Rechtsextremismus und -populismus
- „Islamismus“

„Grob betrachtet handelt es sich dabei um Gefährdungen und Krisenphänomene, die den Status quo der Demokratie von zwei Seiten aus herausfordern. Sich ausbereitende Ideologien, Haltungsbestände und deren Organisierungen unterminieren auf der einen Seite die Grundfesten der Demokratie, indem sie un- und antidemokratische Orientierungen und Aktivitäten entfalten. Auf der anderen Seite mehren sich Anfragen aus den Reihen sozialer Bewegungen, teilweise aber auch von Vertreterinnen und Vertretern des bestehenden politischen Systems selbst, die das existierende demokratische System und das Personal […] in seiner Glaubwürdigkeit und Funktionsweise in Zweifel ziehen“ (BMFSFJ 2020, S. 85).

Diese aktuellen zeitdiagnostischen Schlaglichter zeigen: Demokratie ist keine Selbstverständlichkeit, die durch eine intergenerationelle Tradierung demokratischer Werte, Abläufe und Strukturen gleichsam automatisch garantiert wird. Insofern ist der Feststellung von Oskar Negt zu zustimmen, Demokratie sei die einzige politisch verfasste Gesellschaftsordnung, die gelernt werden müsse (vgl. Negt 2010, 13). Auf dem Hintergrund der aktuellen gesellschaftlichen Entwicklungen entsteht jüngst eine lebendige pädagogische Fachdiskussion um verschiedene konzeptionelle Ansätze zur Demokratiebildung. Diese Debatte ist primär keine fachdidaktische Diskussion zum schulischen Politikunterricht, sondern sie entwickelt konkrete fachliche Konturen innerhalb der Kinder- und Jugendhilfe (vgl. Richter 2017) sowie jüngst auch in der Kinder- und Jugendarbeit (vgl. Ahlrichs 2019, Richter/Riekmann 2021; Ahlrichs et al. 2021).

Um die verschiedenen Dimensionen der Demokratiebildung differenziert zu erfassen und die spezifischen Bildungsleistungen der Kinder- und Jugendarbeit herauszuarbeiten, bietet sich die folgende Unterscheidung an: Demokratie als Bildungsgegenstand, Demokratie als Bildungsstruktur und Demokratie als Erfahrung (vgl. BMFSFJ 2020, S. 128 f.).

- Der *Bildungsgegenstand Demokratie* bezeichnet die Inhalte eines Lernprozesses. Im Vordergrund steht theoretisches Wissen über das politische System Demokratie und dessen Institutionen sowie Funktionsweisen. Die Auswahl der Inhalte am Lernort Schule wird durch Bildungs- und Lehrpläne vorgegeben. Die Aneignung dieser ministeriellen Vorgaben bildet den Kernbestand demokratischer Bildung im Fach Politik in allen Schulformen.
- Die *Bildungsstruktur Demokratie* richtet den Blick auf Institutionen und deren Strukturen zur Ermöglichung von Lernprozessen: Wie demokratisch sind die Rahmenbedingungen gestaltet? Wie gestaltbar sind die institutionellen Strukturen des Lernraumes angelegt? Wie hierarchisch ist die interne Struktur des Lernortes beschaffen? Welche Handlungsspielräume eröffnet der institutionelle Rahmen des Lernortes den Lernenden?
- Die *Erfahrung von Demokratie* stellt die Aneignungsperspektive von Kindern und Jugendlichen in den Mittelpunkt: Welche Erfahrungen politischer Subjektwerdung machen sie? Was können sie zur Gestaltung einer Idee, eines Themas, eines Projektes oder eines Raumes selbst beitragen? Welche Erfahrungen von Selbstwirksamkeit sind am jeweiligen Lernort möglich?

Diese drei Dimensionen der Demokratiebildung sind inhaltlich miteinander verbunden und je aufeinander angewiesen. Sie stellen ein analytisches Konstrukt dar, um die unterschiedlichen Facetten einer Demokratiebildung differenziert zu erfassen. Zugleich ermöglichen sie die Bildungsleistungen unterschiedlicher Lernorte näher in den Blick zu nehmen. So resümiert der 16. Kinder- und Jugendbericht den aktuellen Forschungsstand zur Förderung demokratischer Bildung: „Kinder und Jugendliche erwerben demokratische Fähigkeiten nicht allein durch die Aneignung kognitiven Wissens und darauf aufbauende Fertigkeiten und Kompetenzen, sondern vor allem dann, wenn ihnen soziale Räume zum gesellschaftlichem Handeln zur Verfügung stehen und sie diese für sich nutzen können […]. Selbstwirksamkeitserfahrungen, die sie dabei machen, und das Erleben, dadurch selbst nützliche und wertgeschätzte Beiträge zum gesellschaftlichen Leben zu liefern, sind politischer Identitätsbildung und Subjektwerdung ebenso wie sozialer Integration in hohem Maße zuträglich" (BMFSFJ 2020, S. 541).

Mit anderen Worten: Die Erfahrungen der Selbstwirksamkeit in der Gestaltung der eigenen Lebenswelt sind grundlegende, unverzichtbare Elemente einer Demokratiebildung. Die Kinder- und Jugendarbeit bietet sowohl in Jugendverbänden und in Vereinen als auch in Einrichtungen der offenen Arbeit weitreichende Räume und viele Gelegenheiten an, die Möglichkeiten für Erfahrungen der Selbstwirksamkeit zu schaffen. Letztlich geht der Erfahrung von Selbstwirksamkeit immer eine Eigentätigkeit voraus.

Beim Blick auf die Bildungsstrukturen in der Kinder- und Jugendarbeit bleiben zahlreiche Fragen im Kontext der Partizipation und Teilhabe offen, dennoch ist festzuhalten: Im Vergleich zur Institution Schule weist die Kinder- und Jugendarbeit in allen Bereichen einen sehr hohen Grad an struktureller Offenheit für die Interessen und Belange junger Menschen auf, da sie keine curricularen Vorgaben zu berücksichtigen hat und über flexible Organisationsstrukturen verfügt.

Der Bildungsgegenstand Demokratie ist ein Inhalt, der in der Kinder- und Jugendarbeit – je nach Träger und konzeptionellem Ansatz – sehr unterschiedlich ausgeprägt ist. In der politischen Jugendbildung wird das Thema Demokratie häufig in Verbindung mit anderen Themen bearbeitet, wie z. B. Medien oder Ökologie. In anderen Bereichen der Kinder- und Jugendarbeit wird das Thema Demokratie eher beiläufig und zufällig aufgegriffen oder auch gar nicht thematisiert. Trotz vieler Defizite und Mängel der politischen Bildung am Lernort Schule ist festzuhalten, dass der Bildungsgegenstand Demokratie im schulischen Kontext auf der Ebene der Vermittlung kognitiven Wissens systematisch und umfassend angelegt ist (vgl. Reinhardt 2018).

Wenn aber Demokratiebildung neben der Vermittlung von kognitivem Wissen eine strukturelle Dimension umfasst und darüber hinaus vor allem durch Erfahrungen der Selbstwirksamkeit in der Mitgestaltung der eigenen Lebenswelt erlernt wird, so wird damit die Notwendigkeit einer inhaltlichen und strukturellen Verzahnung von schulischer und sozialpädagogischer politischer Bildung im Rahmen der Demokratiebildung sichtbar. Und je mehr die drei Dimensionen der Demokratiebildung zusammengebracht werden, umso größer wird der Beitrag von schulischer und außerschulischer Bildung für den gesellschaftlichen Zusammenhalt.

Damit eine inhaltliche und strukturelle Verzahnung schulischer und sozialpädagogischer Bildung nicht abstrakt und auf einer theoretischen Ebene verbleibt, ist das Konzept von Bildungslandschaften entstanden. Bildungslandschaften wollen verschiedene Bildungsinstitutionen im lokalen und regionalen Bereich zu einem Themenschwerpunkt zusammenführen (vgl. Hasse 2014; Bundesvereinigung kulturelle Kinder- u. Jugendbildung 2019). Die Mitarbeit in einer Bildungslandschaft bietet für die Kinder- und Jugendarbeit die Chance, das eigene Profil als Bildungsinstanz zu schärfen und konzeptionell weiterzuentwickeln (vgl. Faulde et al. 2020).

Literaturhinweise zur Vertiefung

Ahlrichs, Rolf (2019): Demokratiebildung im Jugendverband. Grundlagen – empirische Befunde – Entwicklungsperspektiven. Weinheim und Basel: Beltz Juventa.

Ahlrichs, Rolf et al. (2021): Demokratiebildung im 16. Kinder- und Jugendbericht, kritische Kommentare aus Sicht demokratischer Kinder- und Jugendarbeit. In: deutsche jugend. 69. Jg. H. 10. S. 426–440.

Bundesministerium für Familie, Senioren, Frauen und Jugend (Hrsg.) (2020): 16. Kinder- und Jugendbericht. Förderung demokratischer Bildung im Kinder- und Jugendalter. Berlin.

Heimlich, Ulrich et al. (Hrsg.) (2020): Inklusive Bildung. Zwischen Teilhabe, Teilgabe und Teilsein. Stuttgart: Kohlhammer.

Sturzenhecker, Benedikt et al. (2021): Offene Kinder- und Jugendarbeit angesichts der Corona-Krise. In: Deinet, Ulrich et al. (Hrsg.): Handbuch Offene Kinder- und Jugendarbeit. 5. vollständig neugestaltete Aufl. Wiesbaden: Springer VS. Bd. 3. S. 2001–2029.

19. Literatur

Ahlrichs, Rolf (2019): Demokratiebildung im Jugendverband. Grundlagen – empirische Befunde – Entwicklungsperspektiven. Weinheim und Basel: Beltz Juventa.

Ahlrichs, Rolf et al. (2021): Demokratiebildung im 16. Kinder- und Jugendbericht, kritische Kommentare aus Sicht demokratischer Kinder- und Jugendarbeit. In: deutsche jugend. 69. Jg. 10/2021. S. 426–440.

Allmendinger, Jutta et al. (2018): Soziologische Bildungsforschung. In: Tippelt, Rudolf; Schmidt-Hertha, Bernhard (Hrsg.): Handbuch Bildungsforschung. Wiesbaden: Springer VS. Bd. 1. S. 47–72.

Andresen, Sabine (2009): Bildung. In: Dies. et al. (Hrsg.): Handwörterbuch Erziehungswissenschaft. Weinheim und Basel: Beltz Juventa. S. 76–90.

Andresen, Sabine (2018): Kindheit. In: Böllert, Karin (Hrsg.): Kompendium Kinder- und Jugendhilfe. Wiesbaden: Springer VS. Bd. 1. S. 365–380.

Arbeitsgruppe Bildungsberichterstattung (Hrsg.) (2020): Bildung in Deutschland 2020. Ein indikatorengestützter Bericht mit einer Analyse zu Bildung in einer digitalisierten Welt. Bielefeld: Bertelsmann-Verlag.

Bauer, Ullrich (2018): Sozialisationstheorie und informelles Lernen. In: Harring, Marius et al. (Hrsg.): Handbuch informelles Lerne. Interdisziplinäre und internationale Perspektiven. 2. überarbeitete Aufl. Weinheim und Basel: Beltz Juventa. S. 105–120.

Beck, Ulrich (2015): Risikogesellschaft. Auf dem Weg in die andere Moderne. 22. Aufl. Frankfurt am Main: Suhrkamp.

Bernzen, Christian (2021): Rechtliche Grundlagen der Offenen Kinder- und Jugendarbeit im Bundes- und Landesrecht. In: Deinet, Ulrich et al. (Hrsg.): Handbuch Offene Kinder- und Jugendarbeit, 5. vollständig neugestaltete Aufl. Wiesbaden: Springer VS. Bd. 3. S. 1815–1828.

Bernzen, Christian; Bruder, Anna-Maria (2018): Rechtliche Grundlagen der Kinder- und Jugendhilfe. In: Böllert, Karin (Hrsg.): Kompendium Kinder- und Jugendhilfe. Wiesbaden: Springer VS. Bd. 1. S. 131–164.

Besand, Anja; Sander, Wolfgang (2011): Handbuch Medien in der politischen Bildung. 2., aktualisierte Aufl. Schwalbach/Taunus: Wochenschau-Verlag.

Biewer, Gottfried; Schütz, Sandra (2022): Inklusion. In: Hedderich, Ingeborg et al. (Hrsg.): Handbuch Inklusion und Sonderpädagogik. Eine Einführung. 2. aktualisierte u. erweiterte Aufl. Bad Heilbrunn: Klinkhardt-Verlag. S. 126–130.

Bockhorst, Hildegard (2018): Kulturelle Kinder- und Jugendarbeit. In: Böllert, Karin (Hrsg.): Kompendium Kinder- und Jugendhilfe. Wiesbaden: Springer VS. Bd. 1. S. 713–735.

Bockhorst, Hildegard et al. (2012) (Hrsg.): Handbuch Kulturelle Bildung. München: kopaed.

Böhnisch, Lothar (2018): Sozialpädagogik der Lebensalter. Eine Einführung. 8. erweiterte Aufl. Weinheim und Basel: Beltz Juventa.

Böhnisch, Lothar (2019): Lebensbewältigung. Ein Konzept für die Soziale Arbeit. 2. überarbeitete Aufl. Weinheim und Basel: Beltz Juventa.

Böhnisch, Lothar; Gängler, Hans (Hrsg.) (1991): Handbuch Jugendverbände. Weinheim und Basel: Juventa.

Bonus, Stefanie et al. (2020): Entwicklungspolitische Freiwilligendienste im Fokus der Forschung. Baden-Baden: Nomos.

Bourdieu, Pierre (2002): Ortseffekte. In: Ders. et al.: Das Elend der Welt. Zeugnisse und Diagnosen alltäglichen Leidens an der Gesellschaft. Konstanz: UVK Universitätsverlag. S. 159–167.

Brosche, Sven (2017): Kinder- und Jugendplan des Bundes. In: Kreft, Dieter; Mielenz, Ingrid (Hrsg.): Wörterbuch Soziale Arbeit. 8. vollständig überarbeitete und aktualisierte Ausgabe. Weinheim und Basel: Beltz Juventa. S. 592–594.

Bründel, Gurdun; Hurrelmann, Klaus (2017): Kindheit heute. Lebenswelten der jungen Generation. Weinheim und Basel: Beltz Juventa.

Brüschweiler, Bettina et al. (2021): Theke machen. In: Deinet, Ulrich et al. (Hrsg.): Handbuch Offene Kinder- und Jugendarbeit. 5. vollständig neugestaltete. Aufl. Wiesbaden: Springer VS. Bd. 2. S. 1251–1256.

Bundesministerium für Arbeit und Soziales (Hrsg.) (2017): Lebenslagen in Deutschland. 5. Armuts- und Reichtumsbericht der Bundesregierung. Berlin.

Bundesministerium für Familie, Senioren, Frauen und Jugend (BMFSFJ) (Hrsg.) (2020): 16. Kinder- und Jugendbericht. Förderung demokratischer Bildung im Kinder- und Jugendalter. Berlin.

Bundesministerium für Familie, Senioren, Frauen und Jugend (BMFSFJ) (Hrsg.) (2017): 15. Kinder- und Jugendbericht. Bericht über die Lebenssituation junger Menschen und die Leistungen der Kinder- und Jugendhilfe in Deutschland. Berlin.

Bundesministerium für Familie, Senioren, Frauen und Jugend (BMFSFJ) (Hrsg.) (2005): 12. Kinder- und Jugendbericht. Bericht über die Lebenssituation junger Menschen und die Leistungen der Kinder- und Jugendhilfe in Deutschland. Berlin.

Bundesvereinigung kulturelle Kinder- und Jugendbildung (Hrsg.) (2019): Bildungslandschaften. Perspektive Kinder- und Jugendarbeit. Berlin/Remscheid.

Coelen, Thomas et al. (2018): Schule. In: Böllert, Karin (Hrsg.): Kompendium Kinder- und Jugendhilfe. Wiesbaden: Springer VS. Bd. 1. S. 467–487.

Coelen, Thomas; Gusinde, Frank (2011): Was ist Jugendbildung? Positionen – Definitionen – Perspektiven. Weinheim und Basel: Beltz Juventa.

Deinet, Ulrich (2004): Raumaneignung als Bildungspraxis in der Offenen Kinder- und Jugendarbeit. In: Sturzenhecker, Benedikt; Lindner, Werner (Hrsg.): Bildung in der Kinder- und Jugendarbeit. Vom Bildungsanspruch zur Bildungspraxis, Weinheim und München: Juventa. S. 111–130.

Deinet, Ulrich (Hrsg.) (2013): Innovative Offene Kinder- und Jugendarbeit. Bausteine und Perspektiven einer sozialräumlichen Offenen Kinder- und Jugendarbeit. Opladen: Verlag Barbara Buderich.

Deinet, Ulrich; Krisch, Richard (2021): Das sozialräumliche Konzept in der Offenen Kinder- und Jugendarbeit. In: Ders. et al. (Hrsg.): Handbuch Offene Kindern- und Jugendarbeit. 5. vollständig neugestaltete Aufl. Wiesbaden: Springer VS. Bd. 2. S. 1055–1068.

Deinet, Ulrich; Maria Icking (2019): Schulsozialarbeit auf dem Weg zur Sozialraumorientierung? – Ergebnisse einer Erhebung zur Schulsozialarbeit in Düsseldorf. In: sozialraum.de (11) Ausgabe 1/2019. URL: https://www.sozialraum.de/schulsozialarbeit-auf-dem-weg-zur-sozialraumorientierung.php (Datum des Zugriffs: 01.04.2021)

Dettmer, Lena; John, Michael (2020): Demographie der Jugend. Zur generationalen Lage junger Menschen in ländlichen Regionen. In: Faulde, Joachim et al. (Hrsg.): Jugendarbeit in ländlichen Regionen. Regionalentwicklung als Chance für ein neues Profil. Weinheim und Basel: Beltz Juventa. S. 27–39.

Deutscher Bundesjugendring (Hrsg.) (2012): Handbuch 2013. Berlin.

Dewey, John (2011): Demokratie und Erziehung. Eine Einleitung in die philosophische Pädagogik. 5. Aufl. Weinheim und Basel: Beltz Juventa,

Dohmen, Dieter; Hurrelmann, Klaus (Hrsg.) (2021): Generation Corona. Wie Jugendliche durch die Pandemie benachteiligt werden. Weinheim und Basel: Beltz Juventa.

Ehlert, Gudrun (2012): Gender in der Sozialen Arbeit. Konzepte. Perspektiven. Basiswissen. Schwalbach/Taunus: Wochenschau-Verlag.

Engel, Alexandra; Kaschlik, Anke (2012): Wer bemächtigt sich peripherer Regionen? Innovation, Pluralität und Rolle der Sozialen Arbeit in einem integrierten ländlichen Entwicklungsmanagement. In: Debiel, Stefanie et al. (Hrsg.) (2012): Soziale Arbeit in ländlichen Räumen. Wiesbaden: Springer VS. S. 67–80.

El-Mafaalani, Aladin (2021): Mythos Bildung. Die ungerechte Gesellschaft: Ihr Bildungssystem und seine Zukunft. Mit einem Zusatzkapitel zur Coronakrise. 2. Aufl. Köln: Kiepenheuer & Witsch.

Erikson, Eric (1973): Identität und Lebenszyklus. Frankfurt am Main: Suhrkamp.
Faulde, Joachim (2021): Der Sozialraumansatz als sozialpädagogischer Beitrag zur Entwicklung ländlicher Räume. In: Reutlinger, Christian; Sturzenhecker, Benedikt (Hrsg.): Den Sozialraumansatz weiterdenken. Impulse von Ulrich Deinet für Theorie und Praxis der Sozialpädagogik im Diskurs. Weinheim und Basel: Beltz Juventa. S. 220–233.
Faulde, Joachim et al. (Hrsg.) (2020): Jugendarbeit in ländlichen Regionen. Regionalentwicklung als Chance für ein neues Profil. Weinheim und Basel: Beltz Juventa.
Feldbusch, Uwe (2013): Medienbildung. In: Hafeneger, Benno (Hrsg.): Handbuch außerschulische Jugendbildung. Grundlagen – Handlungsfelder – Akteure. 2. ergänzte u. aktualisierte Aufl. Schwalbach/Taunus: Wochenschau-Verlag.
Freise, Josef (2017): Kulturelle und religiöse Vielfalt nach Zuwanderung. Theoretische Grundlagen. Handlungsansätze Übungen zur Kultur- und Religionssensibilität. Schwalbach/Taunus: Wochenschau-Verlag.
Frey, Karl (2012): Die Projektmethode. Der Weg zum bildenden Tun. 12. Aufl. Weinheim und Basel: Beltz Juventa.
Gatzemann, Andreas (2008): Die Erziehung zum „neuen" Menschen im Jugendhof Thorgau. Münster: Lit-Verlag.
Geißler, Karlheinz A.; Hege, Marianne (2007): Konzepte sozialpädagogischen Handelns. Ein Leitfaden für soziale Berufe. 11. Aufl. Weinheim und Basel: Beltz Juventa.
Giesecke, Hermann (1981): Vom Wandervogel zur Hitler-Jugend. Jugendarbeit zwischen Politik und Pädagogik. München: Juventa
Giesecke, Hermann (1983): Die Jugendarbeit, 6. Aufl. München: Juventa.
Gniewosz, Burkhard; Titzmann, Peter (Hrsg.) (2018): Handbuch Jugend. Psychologische Sichtweisen auf Veränderungen in der Adoleszenz. Stuttgart: Kohlhammer.
Gogolin, Ingrid; Krüger-Potratz, Marianne (2020): Einführung in die interkulturelle Pädagogik. Geschichte. Theorie und Diskurse. Forschung und Studium. 3. vollständig überarbeitete Aufl. Opladen und Toronto: Verlag Barbara Budrich.
Göppel, Rolf (Hrsg.) (2019): Das Jugendalter. Theorien. Perspektiven. Deutungsmuster. Stuttgart: Kohlhammer.
Göring, Arne; Mutz, Michael (2016): Kompetenzerwerb und Persönlichkeitsentwicklung im Freiwilligen Sozialen Jahr: Ein Vergleich vier sozialer Tätigkeitsbereiche. In: Zeitschrift für Erziehungswissenschaft. 19. Jg. H. 2. S. 395–414.
Gräsel, Cornelia (2015): Was ist empirische Bildungsforschung? In: Reinders, Heinz et al. (Hrsg.) (2015): Empirische Bildungsforschung. Wiesbaden: Springer VS. S. 15–30.
Grebe, Anna et al. (2021): Jugendgerechte Gesellschaft auf dem Land. Zum Gelingen kommunaler Jugendpolitik. In: Faulde, Joachim et al. (Hrsg.): Jugendarbeit in ländlichen Regionen. Regionalentwicklung als Chance für ein neues Profil. Weinheim und Basel: Beltz Juventa. S. 50–59.
Greif, Andreas (2018): „stark bewegt" – Erlebnispädagogik trifft Grundschule. In: Bous, Barbara et al. (Hrsg.): Im Erlebnis forschen – durch Erlebnis forschen. Augsburg: Ziel-Verlag. S. 124–141.
Grunert, Cathleen (2018): Informelles Lernen im Jugendalter. In: Harring, Marius et al. (Hrsg.): Handbuch informelles Lernen. Interdisziplinäre und internationale Perspektiven. 2. überarbeitete Aufl. Weinheim und Basel: Beltz Juventa. S. 331–343.
Grünhäuser, Florian (2020): Regionalanalyse: Eine aktivierende Untersuchung zu Lebenslagen und Zukunftsperspektiven junger Menschen in einer Region. In: Faulde, Joachim et al. (Hrsg.): Jugendarbeit in ländlichen Regionen. Regionalentwicklung als Chance für ein neues Profil. Weinheim und Basel: Beltz Juventa. S. 192–199.
Grunwald, Klaus; Thiersch, Hans (Hrsg.) (2016): Praxishandbuch Lebensweltorientiere Soziale Arbeit. Handlungszusammenhänge und Methoden in unterschiedlichen Arbeitsfeldern. 3. völlig überarbeitete Aufl. Weinheim und Basel: Beltz Juventa.
Hafeneger, Benno (2011): Kinder- und Jugendbildung. Einige rahmende Anmerkungen. In: Coelen, Thomas; Gusinde, Frank (Hrsg.): Was ist Jugendbildung? Positionen – Definitionen – Perspektiven. Weinheim und Basel: Beltz Juventa. S. 36–43.

Hafeneger, Benno (Hrsg.) (2013): Handbuch außerschulische Jugendbildung. Grundlagen. Handlungsfelder. Akteure. 2. erweiterte und ergänzte Aufl. Schwalbach/Taunus: Wochenschau-Verlag.

Hasse, Claudia (2014): Wie geht's zur Bildungslandschaft? Die wichtigsten Schritte und Tipps – ein Praxishandbuch. 2. Aufl. Seelze: Klett/Kallmeyer.

Haug, Sonja (2014): Migration. In: Mau, Steffen; Schöneck, Nadine M. (Hrsg.): Handwörterbuch zur Gesellschaft Deutschlands. Wiesbaden/Bonn: Bundeszentrale für politische Bildung. S. 593–607.

Havighurst, Robert J. (1972): Developmental task and education. 3. Aufl. New York: MacKay.

Heckmair, Bernd; Michl, Werner (2018): Erleben und Lernen. Einführung in die Erlebnispädagogik. 8. überarbeitete Aufl. München: Ernst Reinhardt Verlag.

Heimlich, Ulrich et al. (Hrsg.) (2020): Inklusive Bildung. Zwischen Teilhabe. Teilgabe und Teilsein. Stuttgart: Kohlhammer.

Heimlich, Ulrich (2019): Inklusive Pädagogik. Eine Einführung. Stuttgart: Kohlhammer.

Heimlich, Ulrich et al. (Hrsg.) (2018): Inklusive Schul- und Unterrichtsentwicklung. Vom Anspruch zur erfolgreichen Umsetzung. Stuttgart: Kohlhammer.

Hinrichsen, Merle (2020): Das FSJ als biographischer Zwischenraum. (Re-)Konstruktion von Bildungswegen junger Erwachsener. Wiesbaden: Springer VS.

Holz, Gerda (2016): Armut von Kindern und Familien. In: Schröer, Wolfgang et al. (Hrsg.): Handbuch Kinder- und Jugendhilfe. 2. überarbeitet Aufl. Weinheim und Basel: Beltz Juventa. S. 404–436.

Holzkamp, Klaus (1995): Lernen. Subjektwissenschaftliche Grundlegung. Frankfurt am Main und New York: Campus-Verlag.

Huinink, Johannes; Schröder, Torsten (2019): Sozialstruktur Deutschlands. 3. aktualisierte und überarbeitete Aufl. München: UVK-Verlag.

Humboldt, Wilhelm von (1793/1980): Theorie der Bildung des Menschen. In: Ders. Werke in fünf Bänden. hrsg. von Andreas Flitner u. Klaus Giel. Bd. 1. 3. Aufl. Darmstadt: Wissenschaftliche Buchgesellschaft.

Hurrelmann, Klaus; Bauer, Ullrich (2020): Einführung in die Sozialisationstheorie. Das Modell der produktiven Realitätsverarbeitung. 13. Aufl. Weinheim und Basel: Beltz Juventa.

Hurrelmann, Klaus et al. (Hrsg.) (2015): Handbuch Sozialisationsforschung. 8. vollständig überarbeitete Aufl. Weinheim und Basel: Beltz Juventa.

Hurrelmann, Klaus; Razum, Oliver (Hrsg.) (2016): Handbuch Gesundheitswissenschaften. 6. durchgesehene Aufl. Weinheim und Basel: Beltz Juventa.

Ilg, Wolfgang (2013): Jugendarbeit – Grundlagen. Prinzipien und Arbeitsformen. In: Rauschenbach, Thomas; Borrmann, Stefan (Hrsg.): Arbeitsfelder der Kinder- und Jugendarbeit. Weinheim und Basel: Beltz Juventa. S. 12–33.

Jordan, Erwin et al. (Hrsg.) (2015): Kinder- und Jugendhilfe. Einführung in die Geschichte und Handlungsfelder, Organisationsformen und gesellschaftliche Problemlagen. 4. überarbeitete Aufl. Weinheim und Basel: Beltz Juventa.

Jungbauer, Johannes (2017): Entwicklungspsychologie des Kindes- und Jugendalters. Ein Lehrbuch für Studium und Praxis sozialer Berufe. Weinheim und Basel: Beltz Juventa.

Kabs-Ballbach, Kai et al. (2020): Geschlechtsbezogene Ansätze. In: Meyer, Thomas; Patjens, Rainer (Hrsg.): Studienbuch Kinder- und Jugendarbeit. Wiesbaden: Springer VS. S. 543–563.

Kammerer, Bernd (Hrsg.) (2017): Streetwork und mobile Zugänge in der Offenen Jugendarbeit: (K)ein Thema?! Nürnberg: emwe-Verlag.

Karsunky, Silke (2018): Gender Mainstreaming. In: Böllert, Karin (Hrsg.): Kompendium Kinder- und Jugendhilfe. Wiesbaden: Springer VS. Bd. 2. S. 1111–1131.

Kascha, Rainer (2021): Projektarbeit. In: Deinet, Ulrich et al. (Hrsg.): Handbuch Offene Kinder- und Jugendarbeit. 5. vollständig neugestaltete Aufl. Wiesbaden: Springer VS. Bd. 2. S. 1183–1189.

Kessl, Fabian; Reutlinger, Christian (2007): Sozialraum. Eine Einführung. Wiesbaden: Springer VS.

Kiesel, Doron et al. (Hrsg.) (1998): Standortbestimmung Jugendarbeit. Theoretische Orientierungen und empirische Befunde. Schwalbach: Wochenschau-Verlag.

Klafki, Wolfgang (2007): Grundzüge eines neuen Allgemeinbildungskonzepts. In: Ders.: Neue Studien zur Bildungstheorie und Didaktik. Zeitgemäße Allgemeinbildung und kritisch-konstruktive Didaktik. 6. neu ausgestattete Aufl. Weinheim und Basel: Beltz und Juventa. S. 43–81.

Klönne, Arno (1985): Tradition und Geschichte. In: Affolderbach, Martin; Steinkamp Hermann (Hrsg.): Kirchliche Jugendarbeit in Grundbegriffen. Stichworte zu einer ökumenischen Bilanz. Düsseldorf und München: Patmos/Chr. Kaiser. S. 359–373.

Köngeter, Stefan (2016): Lebensweltorientierte Soziale Arbeit in der offenen Kinder- und Jugendarbeit. In: Grunwald, Klaus; Thiersch, Hans (Hrsg.): Praxishandbuch Lebensweltorientierte Soziale Arbeit. Handlungszusammenhänge und Methoden in unterschiedlichen Arbeitsfeldern. 3. völlig überarbeitete Aufl. Weinheim und Basel: Beltz und Juventa. S. 130–141.

Krafeld, Franz-Josef (1984): Geschichte der Jugendarbeit. Von den Anfängen bis zur Gegenwart. Weinheim und Basel: Beltz.

Krisch, Richard; Oehme, Andreas (2013): Die Bewältigung von Übergängen in Arbeit als sozialpädagogische Herausforderung. Ein Blick in die Jugend- und Jugendsozialarbeit. In: Spatscheck, Christian; Wagenblass, Sabine (Hrsg.): Bildung, Teilhabe und Gerechtigkeit. Gesellschaftlicher Herausforderungen und Zugänge Sozialer Arbeit. Weinheim und Basel: Beltz Juventa. S. 109–124.

Kron, Friedrich et al. (2013): Grundwissen Pädagogik, 8. aktualisierte Aufl. München und Basel: Ernst Reinhardt Verlag.

Kron, Friedrich et al. (2014): Grundwissen Didaktik, 6. überarbeitete Aufl. München: Ernst Reinhardt Verlag.

Krüger, Heinz-Hermann; Grunert, Cathleen (Hrsg.) (2010): Handbuch Kindheits- und Jugendforschung, 2. aktualisierte und erweiterte Aufl. Wiesbaden: Springer VS.

Landesjugendring Niedersachsen e. V. (Hrsg.) (2002): Handbuch zur Qualitätssicherung in der Jugendverbandsarbeit: Praxisfelder, Verbandsstrukturen, Kriterien, Methoden. Hannover: Eigenverlag.

Lange, Mirja; Wehmeyer, Karin (2014): Jugendarbeit im Takt einer beschleunigten Gesellschaft. Veränderte Bedingungen des Heranwachsens als Herausforderung. Weinheim und Basel: Beltz Juventa.

Langmaack, Barbara (2017): Einführung in die Themenzentrierte Interaktion. Das Leiten von Lern- und Arbeitsgruppen erklärt und praktisch angewandt. Weinheim und Basel: Beltz.

Laubstein, Claudia et al. (2017): Armutsmuster in Kindheit und Jugend, Längsschnittbetrachtungen von Kinderarmut. Gütersloh: Bertelsmann-Stiftung.

Lindner, Werner (2018): Jugendarbeit. In: Otto, Hans-Uwe et al. (Hrsg.): Handbuch Soziale Arbeit. 6. überarbeitete Aufl. München: Ernst Reinhardt Verlag. S. 708–714.

Lindner, Werner; Pletzer, Winfried (Hrsg.) (2017): Kommunale Jugendpolitik. Weinheim und Basel: Beltz Juventa.

Lohaus, Arnold; Vierhaus,Marc (2019): Entwicklungspsychologie des Kindes- und Jugendalters für Bachelor. 4. Aufl. Berlin und Heidelberg: Springer.

Löwenstein, Heiko et al. (2020): Sportsozialarbeit. Strukturen, Konzepte, Praxis. Stuttgart: Kohlhammer.

Lüders, Christian; Riedle, Stephanie (2018): Außerschulische Jugendbildung. In: Tippelt, Rudolf; Schmidt-Hertha, Bernhard (Hrsg.): Handbuch Bildungsforschung. Wiesbaden: Springer VS. Bd. 1. S. 549–563.

Marquard, Peter (2016): Jugendamt, in: Schröer, Wolfgang et al. (Hrsg.): Handbuch Kinder- und Jugendhilfe. 2. überarbeitete Aufl. Weinheim und Basel: Beltz Juventa. S. 683–701.

Maykus, Stephan (2013): Jugendarbeit und Schule. In: Rauschenbach, Thomas; Borrmann, Stefan (Hrsg.): Arbeitsfelder der Kinder- und Jugendarbeit. Weinheim und Basel: Beltz Juventa. S. 262–292.

Meyer, Thomas (2020): Inklusion als Herausforderung und Chance für die Kinder- und Jugendarbeit. In: Ders./Patjens, Rainer (Hrsg.): Studienbuch Kinder- und Jugendarbeit. Wiesbaden: Springer VS. S. 425–474.

Meyer, Thomas; Rahn, Sebastian (2020): Partizipation – Kernaufgabe und Schlüsselbegriff in der Kinder- und Jugendarbeit. In: Ders./Patjens, Rainer (Hrsg.): Studienbuch Kinder- und Jugendarbeit. Wiesbaden: Springer VS. S. 397–424.

Minderop, Dorothea (2014): Kommunen auf dem Weg zur Bildungslandschaft. Ein Handbuch für Akteure. Gütersloh: Bertelsmann-Stiftung.

Müller, C. Wolfgang et al. (1964): Was ist Jugendarbeit? Vier Versuche zu einer Theorie. München: Juventa.

Münchmeier, Richard et al. (2002): Bildung und Lebenskompetenz. Kinder- und Jugendhilfe vor neuen Aufgaben. Opladen: Leske & Budrich.

Mund, Petra (2019): Grundkurs Organisation(en) in der Sozialen Arbeit, München: Ernst Reinhardt Verlag.

Negt, Oskar (2010): Der politische Mensch. Demokratie als Lebensform. Göttingen: Steidl-Verlag.

Nestmann, Frank; Siekendiek, Ursel (2018); Beratung. In: Otto, Hans-Uwe et al. (Hrsg.): Handbuch Soziale Arbeit. 6. überarbeitete Aufl. München: Ernst Reinhardt Verlag, S. 111–120.

Neuber, Nils (2021): Sport in der Offenen Kinder- und Jugendarbeit. In: Deinet, Ulrich et al. (Hrsg.): Handbuch Offene Kinder- und Jugendarbeit. 5. vollständig neu gestaltete Aufl. Wiesbaden: Springer VS. Bd. 2. S. 1069–1079.

Neumann, Olaf (2021): Beratung. In: Deinet, Ulrich et al. (Hrsg.): Handbuch Offene Kinder- und Jugendarbeit. 5. vollständig neugestaltete. Aufl. Wiesbaden: Springer VS. Bd. 2. S. 1175–1182.

Nick, Peter (2021): Anforderungen an Wissen und Können der Fachkräfte der Jugendarbeit und ihre Ausbildung. In: Deinet, Ulrich et al. (Hrsg.): Handbuch Offene Kinder- und Jugendarbeit. 5. vollständig neugestaltete Aufl. Wiesbaden. Bd. 1. S. 139–159.

Niederbacher, Arne; Zimmermann, Peter (2011): Grundwissen Sozialisation. Einführung zur Sozialisation im Kindes- und Jugendalter. 4. überarbeitete und aktualisierte Aufl. Wiesbaden: Springer VS.

Niekrenz, Yonne; Witte, Matthias D. (2018): Jugend. In: Böllert, Karin (Hrsg.): Kompendium Kinder- und Jugendhilfe. Wiesbaden: Springer VS. Bd. 1. S. 381–402.

Niethammer, Manuela et al. (2019): Wo die Straßen enden, kann Bildung beginnen!: Wangeliner Workcamps. In: Schweder, Marcel (Hrsg.): Bildung und Erziehung im Abseits. Weinheim und Basel: Beltz Juventa. S. 90–103.

Nikles, Bruno (2018): Erzieherischer Kinder- und Jugendschutz. In: Böllert, Karin (Hrsg.): Kompendium Kinder- und Jugendhilfe. Wiesbaden: Springer VS. Bd. 1. S. 771–782.

Parsons, Talcott (1981): Sozialstruktur und Persönlichkeit. 4. unveränderte Aufl. Frankfurt am Main: Fachbuchhandlung für Psychologie.

Peukert, Detlef J. K. (1986): Grenzen der Sozialdisziplinierung. Aufstieg und Krise der deutschen Jugendfürsorge 1878 bis 1932. Köln: Bund-Verlag.

Pothmann, Jens; Thole, Werner (2021): Die Mitarbeiter*innen in der Offenen Kinder- und Jugendarbeit. In: Deinet, Ulrich et al. (Hrsg.): Handbuch Offene Kinder- und Jugendarbeit. 5. vollständig neugestaltete Aufl. Wiesbaden: Springer VS. Bd. 1. S. 101–124.

Quenzel, Gurdun; Hurrelmann, Klaus (2022): Lebensphase Jugend. Eine Einführung in die sozialwissenschaftliche Jugendforschung. 14. überarbeitete Aufl. Weinheim und Basel: Beltz Juventa.

Rahn, Sebastian (2020): Theorien und Theoriekonzepte in der Kinder- und Jugendarbeit. In: Meyer, Thomas; Patjens, Rainer (Hrsg.): Studienbuch Kinder- und Jugendarbeit. Wiesbaden: Springer VS. S. 15–42.

Rahner, Judith (2020): Praxishandbuch Resilienz in der Jugendarbeit. Widerstandsfähigkeit gegen Extremismus und Ideologien der Ungleichheit. Weinheim und Basel: Beltz Juventa.

Rätz, Regina et al. (2014): Lehrbuch Kinder- und Jugendhilfe. Grundlagen, Handlungsfelder, Strukturen und Perspektiven. 2. Aufl. Weinheim und Basel: Beltz Juventa.

Rauschenbach, Thomas (2009): Zukunftschance Bildung. Familie, Jugendhilfe und Schule in neuer Allianz. Weinheim und Basel: Beltz Juventa.

Rauschenbach, Thomas; Bien, Walter (Hrsg.) (2012): Aufwachsen in Deutschland. AID:A – Der neue DJI Survey. Weinheim und Basel: Beltz Juventa.

Rauschenbach, Thomas et al. (2010): Lage und Zukunft der Kinder- und Jugendarbeit in Baden-Württemberg. Eine Expertise. Dortmund/Frankfurt/Landshut/München.

Reinhardt, Sibylle (2018): Fachdidaktik: Politik-Didaktik. Handbuch für die Sekundarstufe I und II. 9. Aufl. Frankfurt am Main: Cornelsen.

Reutlinger, Christian (2015): Sozialräumliche Sozialisation. In: Hurrelmann, Klaus et al. (Hrsg.): Handbuch Sozialisationsforschung. 8. vollständig überarbeitete Aufl. Weinheim und Basel: Beltz Juventa. S. 606–627.

Richter, Elisabeth; Riekmann, Wibke (2021): Jugendverbandsarbeit und Offene Kinder- und Jugendarbeit – Bündnis für Demokratiebildung. In: Deinet, Ulrich et al. (Hrsg.): Handbuch Offene Kinder- und Jugendarbeit. 5. vollständig neugestaltete Aufl. Wiesbaden: Springer VS. Bd. 3, S. 1695–1708.

Richter, Elisabeth u. a. (2017): So machen Kitas Demokratiebildung. Empirische Erkenntnisse zur Umsetzung des Konzeptes „Die Kinderstube der Demokratie“. Weinheim und Basel: Beltz Juventa.

Rosenbauer, Nicole; Uhlendorf, Uwe (2020): Didaktische Konzepte in der Kinder- und Jugendarbeit. In: Bollweg, Petra et al. (Hrsg.): Handbuch Ganztagsbildung. 2. Aufl. Wiesbaden: Springer VS. S. 899–909.

Rothgang, Georg-Wilhelm; Bach, Johannes (2020): Entwicklungspsychologie. 4. Aufl. Stuttgart: Kohlhammer-Verlag.

Schäfer, Theresa (2020): Stadt.Land.Wo? Was die Jugend treibt. Studie der Kath. Landjugendbewegung Bayern (KLJB). In: Faulde, Joachim et al. (Hrsg.): Jugendarbeit in ländlichen Regionen. Regionalentwicklung als Chance für ein neues Profil. Weinheim und Basel: Beltz Juventa. S. 227–234.

Schametat, Jan et al. (2017): Was sie hält. Regionale Bindung von Jugendlichen im ländlichen Raum. Weinheim und Basel: Beltz Juventa.

Scherr, Albert (2021a): Subjektorientierte Offene Kinder- und Jugendarbeit. In: Deinet, Ulrich et al. (Hrsg.): Handbuch Offene Kinder- und Jugendarbeit. 5. völlig neugestaltete Aufl. Wiesbaden: Springer VS. Bd. 1. S. 639–652.

Scherr, Albert (2021b): Interkulturelle und antirassistische Ansätze in der Offenen Kinder- und Jugendarbeit. In: Deinet, Ulrich et al. (Hrsg.): Handbuch Offene Kinder- und Jugendarbeit. 5. vollständig neugestaltete Aufl. Wiesbaden: Springer VS. Bd. 1, S. 721–734.

Schiffer, Eckhard (2021): Entdeckung sozialer Gesundheit. Möglichkeitsräume für Vertrauen, Respekt und kreatives Zusammenspiel in jedem Lebensalter. Gießen: Psychosozial-Verlag.

Schilling, Johannes (2020): Didaktik/Methodik Sozialer Arbeit. 8. aktualisierte Aufl. München und Basel: Ernst Reinhardt Verlag.

Schmidt, Werner et al. (Hrsg.) (2015): Dritter Deutscher Kinder- und Jugendsportbericht. Schorndorf: Hofmann-Verlag.

Schröer, Wolfgang (2016): Jugend. In: Ders. et al. (Hrsg.): Handbuch Kinder- und Jugendhilfe. 2. überarbeitete Aufl. Weinheim und Basel: Beltz Juventa. S. 82–100.

Schröer, Wolfgang et al. (Hrsg.) (2013): Handbuch Übergänge. Weinheim und Basel: Beltz Juventa.

Seckinger, Mike et al. (Hrsg.) (2016): Einrichtungen der Offenen Kinder- und Jugendarbeit. Eine empirische Bestandsaufnahme. Weinheim und Basel: Beltz Springer.

Shell Deutschland Holding (Hrsg.) (2019): Jugend 2019. Eine Generation meldet sich zu Wort. Weinheim und Basel: Beltz.

Sleegers, Jürgen; Weßel, Andre (2021): Mit digitalen Medien arbeiten. In: Deinet, Ulrich et al. (Hrsg.): Handbuch Offene Kinder- und Jugendarbeit. 5. vollständig neugestaltete Aufl. Wiesbaden: Springer VS. Bd. 2. S. 1257–1264.

Stecklina, Gerd; Wienforth, Jan (Hrsg.) (2020): Handbuch Lebensbewältigung. Praxis, Theorie und Empirie. Weinheim und Basel: Beltz Juventa.

Stimmer, Franz (2006): Grundlagen methodischen Handelns in der Sozialen Arbeit. 2. erweiterte und überarbeitet. Aufl. Stuttgart: Kohlhammer-Verlag.

Sting, Stephan (2016): Bildung. In: Schröer, Wolfgang et al. (Hrsg.): Handbuch Kinder- und Jugendhilfe. 2. überarbeitete. Aufl. Weinheim und Basel: Beltz Juventa. S. 437–456.

Struck, Norbert (2016): Kinder- und Jugendhilfegesetz/SGB VIII. In: Schröer, Wolfgang et al. (Hrsg.): Handbuch Kinder- und Jugendhilfe. 2. überarbeitete Aufl. Weinheim und Basel: Beltz Juventa. S. 666–682.

Sturzenhecker, Benedikt; Deinet, Ulrich (2018): Kinder- und Jugendarbeit. In: Böllert, Karin (Hrsg.): Kompendium Kinder- und Jugendhilfe. Wiesbaden: Springer VS. Bd. 1. S. 693–712.

Sturzenhecker, Benedikt et al. (2021): Offene Kinder- und Jugendarbeit angesichts der Corona-Krise. In: Deinet, Ulrich et al. (Hrsg.): Handbuch Offene Kinder- und Jugendarbeit. 5. vollständig neugestaltete Aufl. Wiesbaden: Springer VS. Bd. 3. S. 2001–2029.

Thiersch, Hans (2018): Bildung. in: Otto, Hans-Uwe et al. (Hrsg.): Handbuch Soziale Arbeit. 6. überarbeitete. Aufl. München: Ernst Reinhardt-Verlag, S. 165–176.

Thole, Werner et al. (2021): Kinder- und Jugendarbeit als sozialpädagogisches Bildungsprojekt. Vergewisserungen zum gegenwärtigen Stand, zu Aufgaben und Herausforderungen. In: deutsche jugend. 69. Jg. H. 1. S. 7–16.

Thole, Werner et al. (2021): Die Kinder und Jugendarbeit. Einführung in ein Arbeitsfeld sozialpädagogischer Bildung. 2. grundlegend überarbeitete Aufl. Weinheim und Basel: Beltz Juventa.

Thole, Werner; Pothmann, Jens (2021): Fachlichkeit und Professionalität der Mitarbeiter*innen in der Offenen Kinder- und Jugendarbeit. In: Deinet, Ulrich et al. (Hrsg.): Handbuch Offene Kinder- und Jugendarbeit, 5. vollständig neugestaltete Aufl. Wiesbaden: Springer VS. Bd. 1. S. 125–137.

Tippelt, Rudolf; Schmidt-Hertha, Bernhard (2018) (Hrsg.): Handbuch Bildungsforschung. Wiesbaden: Springer VS. Bd. 1 u. Bd. 2.

Truschkat, Inga (2013): Biografie und Übergang. In: Schröer, Wolfgang et al. (Hrsg.): Handbuch Übergänge. Weinheim und Basel: Beltz Juventa. S. 44–63.

Van Santen, Eric; Pluto, Liane (2021): Freiwilliges und ehrenamtliches Engagement in der Offenen Kinder- und Jugendarbeit. In: Deinet, Ulrich et al. (Hrsg.): Handbuch Offene Kinder- und Jugendarbeit. 5. vollständig neugestaltete Aufl. Wiesbaden: Springer VS. Bd. 1. S. 217–229.

Vogel, Peter (2020): Bildung. In: Bollweg, Petra et al. (Hrsg.): Handbuch Ganztagsbildung. 2. aktualisierte u. erweiterte Aufl. Wiesbaden: Springer VS. S. 189–202.

Von Schwanenflügel, Larissa; Schwerthelm, Moritz (2021): Partizipation – ein Handlungskonzept für die Offene Kinder- und Jugendarbeit. In: Deinet, Ulrich et al. (Hrsg.): Handbuch Offene Kindern- und Jugendarbeit. 5. vollständig neugestaltete Aufl. Wiesbaden: Springer VS. Bd. 2. S. 985–999.

Von Spiegel, Hiltrud (2021): Methodisches Handeln in der Sozialen Arbeit. 7. Aufl. München: Ernst Reinhardt Verlag.

Walther, Andreas et al. (Hrsg.) (2020): Reflexive Übergangsforschung. Theoretische Grundlagen und methodologische Herausforderungen. Opladen: Verlag Barbara Budrich.

Walther; Andreas; Stauber, Barbara (2013): Übergänge im Lebenslauf. In: Schröer, Wolfgang et al. (Hrsg.): Handbuch Übergänge. Weinheim und Basel: Beltz Juventa. S. 23–43.

Welter, Verena/Herres, Rüdiger (2020): Gemeinsam wirken. Potenziale entfalten – Jugendforen. Zukunftskonferenzen und Engagementförderung in der Verbandsgemeinde Daun/Vulkaneifel. In: Faulde, Joachim et al. (Hrsg.): Jugendarbeit in ländlichen Regionen. Regionalentwicklung als Chance für ein neues Profil. Weinheim und Basel: Beltz Juventa. S. 200–207.

Wendt, Peter (2017): Lehrbuch Methoden der Sozialen Arbeit. Weinheim und Basel: Beltz Juventa.

Wendt, Peter-Ulrich (2005): Selbstorganisation Jugendlicher und ihre Förderung durch kommunale Jugendarbeit. Zur Rekonstruktion professionellen Handelns. Hamburg: Kovac-Verlag.

Wiesner, Reinhard et al. (Hrsg.) (2022): SGB VIII Kinder- und Jugendhilferecht. 6. Aufl. München: Beck.

Wischmeier, Inka; Macha, Hildegard (2012): Außerschulische Jugendbildung. Eine Einführung. München: Oldenbourg-Verlag.

Wolf, Birgit (2014): Kulturelle Bildung zwischen kultur-, bildungs- und jugendpolitischen Entwicklungen: 50 Jahre Bundesvereinigung Kulturelle Kinder- und Jugendbildung. München: kopaed.

Wolff, Mechthild (2016): Partizipation. In: Schröer, Wolfgang et al. (Hrsg.): Handbuch Kinder- und Jugendhilfe, 2. Aufl. Weinheim und Basel: Beltz Juventa. S. 1050–1066.

World Vision e. V. (2013): Wie gerecht ist unsere Welt? Kinder in Deutschland 2013. Weinheim und Basel: Beltz Juventa.

Zander, Margherita (2021): Kinder- und Jugendarbeit: Wie taub ist eine Gesellschaft? In: Deinet, Ulrich et al. (Hrsg.): Handbuch Offene Kinder- und Jugendarbeit. 5. vollständig neugestaltete Aufl. Wiesbaden: Springer VS. Bd. 1. S. 402–416,

Zedler, Peter (2018): Erziehungswissenschaftliche Bildungsforschung. In: Tippelt, Rudolf; Schmidt-Hertha, Bernhard (Hrsg.): Handbuch Bildungsforschung. Wiesbaden: Springer VS. Bd. 1. S. 19–46.

Zölch, Janina (2021): Migrieren und ankommen. In: Deinet, Ulrich et al. (Hrsg.): Handbuch Offene Kinder- und Jugendarbeit. 5. vollständig neugestaltete Aufl. Wiesbaden: Springer VS. Bd. 2. S. 1331–1336.

20. Serviceteil

20.1 Jugendverbände

Arbeiter-Samariter-Jugend Deutschland (ASJ)
Sülzburgstraße 140
50937 Köln
Tel.: 0221/47605–234
Mail: asj@asb.de
www.asj-deutschland.de

Arbeitsgemeinschaft der Evangelischen Jugend in Deutschland e. V. (aej)
Otto-Brenner-Straße 9
30159 Hannover
Tel.: 0511 1215–0
Mail: info@evangelische-jugend.de
www.evangelische-jugend.de

Bund der Alevitischen Jugendlichen in Deutschland e. V. (BDAJ)
Stolberger Str. 317
50933 Köln
Tel.: 0221/94985642
Mail: info@bdaj.de
www.bdaj.de

Bund der Deutschen Katholischen Jugend (BDKJ)
Bundesstelle
Carl-Mosterts-Platz 1
40477 Düsseldorf
Tel.: 0211/4693–0
Mail: info@bdkj.de
www.bdkj.de

Bund der Deutschen Landjugend (BDL)
Claire-Waldoff-Str. 7
10117 Berlin
Tel.: 030/31904–253
Mail: info@landjugend.de
www.landjugend.de

Bund Deutscher Karneval-Jugend (BDK-Jugend)
Luitpoldstraße 6–8
97318 Kitzingen
Mail: info@bdk-jugend.de
www.bdk-jugend.de

Bund Deutscher PfadfinderInnen e. V. (BDP)
Baumweg 10
60316 Frankfurt am Main
069/431030
Mail: bundeszentrale@bdp.org
www.bdp.org

Bundesjugendwerk der Arbeiterwohlfahrt e. V. (BuJWAWO)
Michaelkirchstraße 17/18
Aufgang B
10179 Berlin
Tel: 030/2592728–52
Mail: info@bundesjugendwerk.de
www.bundesjugendwerk.de

Deutsche Beamtenbund-Jugend (dbb-jugend)
Friedrichstrasse 169/170
10117 Berlin
Tel. 030/4081–5751
Mail: info@dbbj.de
www.dbbj.de

Deutsche Bläserjugend (DBJ)
Mühlendamm 3
10178 Berlin
Tel.: 030/20074518
Mail: info@deutsche-blaeserjugend.de
www.deutsche-blaeserjugend.de

Deutsche Chorjugend e. V. (DCJ)
Alte Jakobstraße 149
10969 Berlin
Tel.: 030/8471089–50
Mail: info@deutsche-chorjugend,de
www.deutsche-chorjugend.de

Deutsche Gewerkschaftsbund-Jugend (DGB-Jugend)
Henriette-Herz-Platz 2
10178 Berlin
030/24060–371
Mail: jugend@dgb.de
www.jugend.dgb.de

Deutsche Jugendfeuerwehr (DJF)
Reinhardtstraße 25
10117 Berlin
Tel.: 030/288848810
Mail: info@jugendfeuerwehr.de
www.jugendfeuerwehr.de

Deutscher Pfadfinderverband [AV]
Neue Maastrichter Straße 5–7
50672 Köln
Tel.: 0221/524018
Mail: gs@dpvonline.de
www.dpvonline.de

Deutsche Philatelisten-Jugend (DPhJ) [AV]
Ahornweg 48
52511 Geilenkirchen
Tel.: 02451/9124468
Mail: info@dphj.de
www.dphj.de

Deutsche Schreberjugend Bundesverband e. V. (DSchrJ)
Kirschenallee 25
14050 Berlin
Tel.: 030/25469964
Mail: poststelle@deutsche-schreberjugend.de
www.deutsche-schreberjugend.de

Deutsche Trachtenjugend (DTJ)
Hohenkirchenstraße 13
99869 Günthersleben-Wechmar
Tel.: 036256/889188
Mail: geschaeftsstelle@deutsche-trachtenjugend.de
www.deutsche-trachtenjugend.de

Deutsche Wanderjugend (DWJ)
Querallee 41
34119 Kassel
0561/4004980
Mail: info@wanderjugend.de
www.wanderjugend.de

Deutsches Jugendrotkreuz e. V. (DJRK)
Carstennstraße 58
12205 Berlin
Tel.: 030/85404–390
Mail: jrk@drk.de
www.jugendrotkreuz.de

DIDF-Jugend (Jugendverband der Föderation Demokratischer Arbeitervereine e. V.)
Berlinerstraße 77
51063 Köln
Tel.: 0221/9255493
Mail:info@didf-jugend.de
www.didf-jugend.de

Jüdische Studierendenunion Deutschland (JSUD) [AV]
Postfach 040207
10061 Berlin
Tel.: 030/2759313
Mail: vorstand@jsud.de
www.jsud.de

Jugend der Deutschen-Lebens-Rettungs-Gesellschaft e. V. (DLRG-Jugend)
Im Niedernfeld 2
31542 Bad Nenndorf
Tel.: 05723/955–300
Mail: info@dlrg-jugend.de
www.dlrg-jugend.de

Jugend des Deutschen Alpenvereins (JDAV)
Anni-Albers-Straße 7
80807 München
Tel.: 089/14003591
Mail: jdav@alpenverein.de
https://www.jdav.de/

Jugend im Bund für Umwelt und Naturschutz (BUNDjugend)
Kaiserin-Augusta-Allee 5
10553 Berlin
Tel.: 030/27586–50
Mail: info@bundjugend.de
www.bundjugend.de

Jugendnetzwerk Lambda [AV]
Windthorststraße 43a
99096 Erfurt
Tel.: 0361/64487-54
Mail: info@lamda-online.de
www.lambda-online.de

Jugendpresse Deutschland (JPD) [AV]
Alt-Moabit 89
10559 Berlin
Tel.: 030/3940525-00
Mail: buero@jugendpresse.de
www.jugendpresse.de

Junge Europäische Föderalisten Deutschland e. V. (JEF) [AV]
Sophienstrasse 28/29
10178 Berlin
Tel.: 030/97894181
Mail: info@jef.de
www.jef.de

Naturfreundejugend Deutschlands e. V. (NFJD)
Warschauer Str. 59a
10243 Berlin
Tel.: 030/29773270
Mail: info@naturfreunde.de
www.naturfreunde.de

Naturschutzjugend (NAJU im NABU)
Karlplatz 7
10117 Berlin
Tel.: 030/652137520
Mail: naju@naju.de
www.naju.de

Ring Deutscher Pfadfinder*innenverbände (RDP)
Chausseestraße 128/129
10115 Berlin
Tel.: 030/288 7895 35
Mail: info@pfadfinden-in-deutschland.de
www.pfadfinden-in-deutschland.de

Solidaritätsjugend Deutschlands (Solijugend)
Fritz-Remy-Straße 19
63071 Offenbach am Main
Tel.: 069/852094
Mail: bgst@solijugend.de
www.solijugend.de

Sozialistische Jugend Deutschlands – Die Falken
Saarstraße 14
12161 Berlin
Tel.: 030/261030–0
Mail: info@sjd-die-falken.de
www.wir-falken.de

THW-Jugend
Provinzialstraße 93
53127 Bonn
Tel.: 0228/940–1327
Mail: bundesgeschaeftstelle@thw-jugend.de
www.thw-jugend.de

Landesjugendringe

Bayerischer Jugendring
Herzog-Heinrich-Straße 7
80336 München
Tel.: 089/51458–0
Mail: buero.praesident@bjr.de
http://www.bjr.de

Bremer Jugendring – Landesarbeitsgemeinschaft Bremer Jugendverbände
Plantage 24
28215 Bremen
Tel.: 0421/416585-14
Mail: info@bermerjugendring.de
www.bremerjugendring.de

Hessischer Jugendring
Schiersteiner Straße 31–33
65187 Wiesbaden
Tel.: 0611/99083-0
Mail: info@hessischer-jugendring.de
www.hessischer-jugendring.de

Kinder- und Jugendring Sachsen
Saydaer Straße 3
01257 Dresden
Tel.: 0351/316790
Mail: info@kjrs.de
www.kjrs.de

Kinder- und Jugendring Sachsen-Anhalt
Schleinufer 14
39104 Magdeburg
Tel.: 0391/53539480
Mail: info@kjr-lsa.de
www.kjr-lsa.de

Landesjugendring Baden-Württemberg
Siemensstraße 11
70469 Stuttgart
Tel.: 0711/16447-0
Mail:ainfo@ljrbw.de
www.ljrbw.de

Landesjugendring Berlin
Obentrautstraße 57
10963 Berlin
Tel.: 030/81886100
Mail: info@ljrberlin.de
www.ljrberlin.de

Landesjugendring Brandenburg
Breite Straße 7a
14467 Potsdam
Tel.: 0331/62075-30
Mail: info@ljr-brandenburg.de
www.ljr-brandenburg.de

Landesjugendring Hamburg
Güntherstraße 34
22087 Hamburg
Tel.: 040/31796-114
Mail: info@ljr-hh.de
www.ljr-hh.de

Landesjugendring Mecklenburg-Vorpommern
Goethestraße 73
19053 Schwerin
Tel.: 0385/76076-0
Mail: info@ljrmv.de
www.ljrmv.de

Landesjugendring Niedersachsen
Zeißstrasse 13
30519 Hannover
Tel.: 0511/519451-0
Mail: info@ljr.de
www.ljr.de

Landesjugendring Nordrhein-Westfalen
Sternstraße 9–11
40479 Düsseldorf
Tel.: 0211/497666–0
Mail:info@ljr-nrw.de
www.ljr-nrw.de

Landesjugendring Rheinland-Pfalz
Raimundistraße 2
55118 Mainz
Tel.: 06131/960200
Mail: info@ljr-rlp.de
www.ljr-rlp.de

Landesjugendring Saar
Stengelstraße 8
66117 Saarbrücken
Tel.: 0681/633–31
Mail: info@landesjugendring-saar.de
www.landesjugendring-saar.de

Landesjugendring Schleswig-Holstein
Holtenauer Straße 99
24105 Kiel
Tel.: 0431/800984–0
Mail: info@ljrsh.de
www.ljrsh.de

Landesjugendring Thüringen
Johannesstraße 19
99084 Erfurt
Tel.: 0361/57678–0
Mail:info@ljrt-online.de
www.ljrt-online.de

20.2 Bundeszentrale Fachorganisationen

Bundesministerium für Familie, Senioren, Frauen und Jugend (BMFSFJ)
Rochusstr. 8–10, 53123 Bonn und Glinkastr. 24, 10117 Berlin
www.bmfsfj.de

Bundesarbeitsgemeinschaft der Landesjugendämter (BAGLJÄ)
Rheinallee 97, 55118 Mainz
www.bagljae.de

Deutsches Jugendinstitut (DJI) e. V.
Nockherstr. 2, 81541 München
www.dji.de

Bundesjugendkuratorium
Nockherstr. 2, 81541 München
www.bundesjugendkuratorium.de

Arbeitsgemeinschaft Kinder- und Jugendhilfe (AGJ)
Mühlendamm 3, 10178 Berlin
www.agj.de

Verein für öffentliche und private Fürsorge e. V. (DV)
Michaelkirchstr. 17/18, 10179 Berlin
www.deutscher-verein.de

Deutscher Bundesjugendring (DBJR)
Mühlendamm 3, 10178 Berlin
www.djbr.de

Bundesarbeitsgemeinschaft Kinder- und Jugendschutz (BAJ) e. V.
Mühlendamm 3, 10178 Berlin
www.bag-jugendschutz.de

Deutscher Kinderschutzbund – Bundesverband e. V.
Schöneberger Str. 15,10963 Berlin
www.dksb.de

Bundesvereinigung für kulturelle Kinder- und Jugendbildung (bkj) e. V.
Greifswalder Str. 4, 10405 Berlin
www.bkj.de

Bundesnetzwerk Kinder- und Jugendarbeit
Geschäftsstelle: Forschungsverbund DJI/TU Dortmund
Dr. Julia von der Gathen-Huy,
Vogelpothsweg 78, 44227 Dortmund
www.forschungsverbund.tu-dortmund.de

Internationaler Bund (IB): Freier Träger der Jugend-, Sozial- und Bildungsarbeit e. V.
Valentin-Senger-Str. 5, 60389 Frankfurt am Main
www.internationaler-bund.de

Fachstelle für Internationale Jugendarbeit der Bundesrepublik Deutschland (IJAB) e. V.
Godesberger Alle 142–148, 53175 Bonn
www.ijab.de

Jugend für Europa – Nationale Agentur Erasmus + Jugend und Europäisches Solidaritätskorps
Godesberger Allee 142–148, 53175 Bonn
www.jugendfuereuropa.de

Transfer e. V. – Servicebüro für Kinder-, Jugend- und Eltern-Kind-Reisen, internationale Begegnungen und „anders Reisen"
Buchheimer Str. 64, 51063 Köln
www.transfer-ev.de

Wissenschaftsnetzwerk Kinder- und Jugendarbeit
(z. Zt. im Aufbau)
siehe: www.bundeskongress-kja.de/wissenschaft-kja/

20.3 Digitale Fachportale

www.jugendhilfeportal.de
Das Jugendhilfeportal bezieht sich auf alle Handlungsfelder der Kinder- und Jugendhilfe; es wird von der Arbeitsgemeinschaft Kinder- und Jugendhilfe (AGJ) und der Fachstelle für internationale Jugendarbeit in der Bundesrepublik Deutschland (IJAB) betrieben. Es umfasst die folgenden Kategorien: Handlungsfelder, Politik, Forschung, Stellenmarkt und Info-Pool. Die Adressaten des Portals sind Fachkräfte in der Kinder- und Jugendhilfe. Die Plattform präsentiert auch viele aktuelle Informationen für die Kinder- und Jugendarbeit.

www.sozialraum.de
Das Portal ist ein Online-Journal mit der Zielsetzung, den fachlichen Austausch über sozialräumliche Konzepte und Projekte in Bereich der Sozialen Arbeit zu fördern. Ein Schwerpunkt bildet das Handlungsfeld Kinder- und Jugendarbeit. Vier renommierte Hochschullehrer koordinieren und begleiten als Redaktionsteam das Journal. Die Inhalte gliedern sich in die folgenden Rubriken: Grundlagen, Plattform, Methodenkoffer, Projekte, Praxis, Literatur und Links.

www.socialnet.de
Das Portal versteht sich als Netzwerk für die Sozialwirtschaft und will Informationen für Fach- und Führungskräfte liefern. Es wird von einer verbandlich, wirtschaftlich und politisch unabhängigen Gesellschaft mit beschränkter Haftung (GmbH) geführt und bietet die folgenden Bereiche an: Lexikon, Materialien, Rezensionen, Stellenmarkt, Studium, Kalender und Branchenverzeichnis. Die Themen der Kinder- und Jugendarbeit gehören zum festen Bestandteil in den einzelnen Rubriken.

www.bildungsserver.de
Der deutsche Bildungsserver ist der zentrale Wegweiser zum Bildungssystem in Deutschland. Es ist ein von Bund und Ländern getragenes nationales Web-Portal und stellt allen mit Bildungsthemen befassten Professionen hochwertige Informationen zur Verfügung: Elementarpädagogik, Schule, berufliche Bildung, Hochschulbildung, Erwachsenenbildung, Förderpädagogik/Inklusion und Sozialpädagogik. Es bestehen entsprechende Links zu den einzelnen Landesbildungsservern.

www.fachportal-paedagogik.de
Das Fachportal Pädagogik bietet den zentralen Einstieg in die wissenschaftliche Fachinformation für Bildungsforschung, Erziehungswissenschaft und Fachdidaktik im deutschsprachigen Raum. Es wird betrieben vom Leibniz-Institut für Bildungsforschung und Bildungsinformation und bietet die folgenden Schwerpunkte: Literaturrecherche, Suchmöglichkeiten zu aktuellen Forschungsdaten und detaillierte Informationen zu vielen Forschungsthemen.

20.4 Fachzeitschriften

deutsche jugend
Die deutsche jugend ist die einzige, nicht an eine Institution gebundene Fachzeitschrift für das Praxisfeld Jugendarbeit.

Die deutsche jugend informiert über Ereignisse und Entwicklungen in der Jugendpolitik, Jugendarbeit und Jugendhilfe, gibt Anregungen für die Praxis, diskutiert Theorien und Konzepte und nimmt Stellung zu aktuellen Problemen. Die deutsche jugend engagiert sich in der Diskussion um neue Konzepte in der Jugendarbeit.

Die deutsche jugend ist aus der Jugendarbeit der Nachkriegszeit, aus einer übergreifenden Zusammenarbeit zwischen konfessionellen und politischen Jugendverbänden sowie einigen tragenden Einzelpersönlichkeiten dieser Zeit entstanden.

Die erste Ausgabe der deutschen jugend erschien im April 1953 in Zusammenarbeit mit dem Deutschen Jugendring.

Die Zeitschrift erscheint monatlich bereits im 69. Jahrgang bei Beltz Juventa, Weinheim und Basel.

Offene Jugendarbeit
Die Fachzeitschrift Offene Jugendarbeit wird von der Bundesarbeitsgemeinschaft Offene Kinder- und Jugendarbeit (BAG OKJE) e. V. vierteljährlich für die Mitglieder des Verbandes herausgegebenen. Die Zeitschrift behandelt jeweils mit wechselnden Schwerpunkten aktuelle Themen aus dem Praxisfeld der Offenen Kinder- und Jugendarbeit.

Die Zeitschrift wird im Eigenverlag des Verbandes herausgegeben und umfasst in der Regel ca. 50 Seiten.

Betrifft Mädchen

Die Zeitschrift Betrifft Mädchen ist seit über 20 Jahren die einzige bundesweit erscheinende Fachzeitschrift für Mädchenarbeit. Sie informiert über aktuelle Entwicklungen, Initiativen und Projekte von und für Mädchen und beleuchtet alle Felder der Jugendhilfe aus mädchenspezifischer Perspektive. Fachfrauen der Mädchenarbeit bietet sie ein Forum, um Erfahrungen auszutauschen, Mädchenarbeit öffentlich zu machen, (fach-)politisch zu positionieren und sich weiter zu qualifizieren.

Die Zeitschrift Betrifft Mädchen erscheint vierteljährlich und wird herausgegeben von der Landesarbeitsgemeinschaft Mädchenarbeit in NRW e. V. Sie wird u. a. gefördert durch das Bundesministerium für Familie, Senioren, Frauen und Jugend.

Sonstige Fachzeitschriften

Andere Fachzeitschriften sind entweder regional ausgerichtet, inhaltlich auf einen einzigen Schwerpunkt konzentriert, z. B. Kinder- und Jugendschutz in Wissenschaft und Praxis, Thema Jugend, oder inhaltlich über den Bereich der Kinder- und Jugendarbeit hinaus breiter ausgerichtet, z. B. unsere Jugend, außerschulische Bildung, Das Jugendamt, Forum Jugendhilfe.